함께라서 고마워요

끊임없는 도전과 뚜벅뚜벅 걸어온 시간들!

함께라서 고마워요

이순영 지음

모아북스
MOABOOKS

"니는 와 정치하노?"

나라가 어쩌고, 정치가 어쩌고…….
TV를 보면서 생각이 다른 부분에 대해 삿대질을 한 적은 있지만,
살면서 '정치인이 되고 싶다' 고 생각한 적은 없었다.
노무현 대통령을 만났을 때까지는 말이다.

2002년 노무현 당시 대통령 후보를 처음 만났다.
남편의 고등학교 선배였고
내게는 TV에서만 보던 '참 멋진 분!' 이었다.
"먹는 것, 입는 것, 이런 걱정 좀 안 하고,
아니꼬운 꼬라지 좀 안 보고, 그래서 하루하루가 좀
신명나게 이어지는 세상",

가진 사람이나 못 가진 사람이나 똑같이 사람 대접 받으며
그렇게 함께 사는 세상을 만들어갈 지도자였다.
'그분이 대통령이 된다면, 그가 만들어갈 세상이
내가 바라는 그런 세상이겠다' 싶었다.
2002년, 그렇게 나는 노무현 대통령 후보의 선거연설원이 되었다.

그러나 모든 사람이 나 같은 마음은 아니었다.
상고 출신 대통령, 실업계 고등학교를 졸업한 영부인을
받아들일 마음의 준비가 되어 있지 않았다.
빵 하나를 나눠 먹자던 친구에게
'반씩 먹으면 둘 다 배고프긴 마찬가지고,
나는 굶는 게 익숙하니 너 다 먹어라' 하고 양보하던,
가난하고 평범한 내 이웃 같은 대통령이
그들은 낯설었을지도 모른다.

그들은 "안 되면 되게" 만들고,
"몽둥이가 약"이라 하는 대통령을 원했다.
그간 그랬던 것처럼…….
하지만 안 되는 걸 되게 만든 탓에,
삼풍백화점이 무너지고 성수대교가 끊어졌다.

아무렇지 않게 뇌물이 오가고, 법이 흐려지고,
노동자의 목숨이 희생되었다.
몽둥이를 약으로 쓰다 보니,
탱크와 총알이 국민을 향하고
쥐도 새도 모르게 사람들이 사라졌다.

동물들이 모여 왕을 뽑는 동화가 있다.
숲속에서 동물들이 하나둘씩 사라지자,
동물들은 자신을 지켜줄 용맹한 왕을 뽑기로 했다.
그리고 이에 적격인 호랑이가 만장일치로 왕위에 올랐다.
그런데 그 다음 날부터 숲속 동물들이 더 많이 사라졌다.
몰래몰래 동물들을 잡아먹던 호랑이가
이젠 대놓고 동물들을 잡아먹었던 것이다.
그러나 자신들이 뽑은 왕이었기에,
자기 또한 잡아먹힐까봐 두려워,
동물들은 아무 말도 하지 못했다.
과연 동물들이 원하는 왕, 우리가 원하는 대통령은
이런 모습일까?

우리에게 필요한 대통령은 이웃의 아픔에 공감하고,

약자의 편에서 돌아볼 줄 알고,

옳지 않은 것이 있으면 올바르게 바로잡아야 할 사람이다.

누구나 다 같은 생각일 것이다.

하지만 이렇게 주장하면 나에게 "빨갱이"라고 손가락질했다.

노무현 후보가 '빨갱이' 프레임에 빠져 곤경을 겪을 때

우리 또한 빨갱이 취급을 당해야 했다.

힘겨웠다.

싸우자고 나선 것이 아닌데, 강대강 싸움판이 되었다.

마음속 각오가 점점 비장해졌다.

2002년, 그해는 뜨거운 한 해였다.

지지표를 한 장이라도 더 얻기 전국 방방곡곡

지인을 찾아 다녔다.

동지섣달 새벽녘에 자다가도 벌떡 일어나 마이크를 잡았다.

간절하게 눈물로 호소하고, 당당하게 주장하고, 끈질기게 설득했다.

그리고 마침내 그해 12월 19일, 10시.

TV 속 아나운서가 말했다.

"노무현의 기적, 국민이 승리한 순간입니다.

대한민국 제16대 대통령 노무현 확정입니다."

나는 '노무현 대통령 감사장 1급 포상' 을 받았다.
여기저기서 축하 인사를 받고, 한껏 기쁨에 들었다.
상을 받은 게 자랑스러웠던 게 아니라,
'사람 사는 세상' 을 만들 대통령을
내 목소리로 알렸다는 것이 자랑스러웠다.

그리고 생각했다.
'정치는 내가 잘나서 하는 것이 아니라,
나보다 못한 사람의 지배를 받지 않기 위해서 하는 것이구나.'

지금 누군가 나에게 '정치를 왜 하느냐' 고 물으면,
그 대답은 예나 지금이나 한결같다.
"나 하나 잘살기 위해서라면 사업을 했겠지요.
그러나 우리 함께 잘살기 위해서
나는 정치를 해야 했습니다."

인연은 스스로 만드는 것이 아니라
운명처럼 저절로 가 닿는 것이다.
그리고 그 인연이 20년 쯤 되면
'우리가 전생에……' 라고 할 만큼 보통 인연은 운명이 된다.

고 노무현 대통령과의 인연이 시작된 것이 2002년이니
벌써 20년이다.
그 인연의 씨앗이 되어 정치인 이순영의
첫걸음이 시작되었다.

두 번째 대통령

전직 인권변호사가 부산 사상구 국회의원에 당선되었다.
실향민의 아들로 태어나 가난한 가정 형편 속에서도
사법연수원을 차석으로 마친, 유능한 인재였다.
그의 이름은 문재인이었다.

인권변호사 시절 노무현 대통령과 인연이 시작되었고,
노무현 대통령은 친구이자 동지인 그에게
정계 입문을 권했다.
그리고 노무현 대통령이 청와대에 입성하면서
그를 민정수석비서관에 임명했다.

이후 그는 노무현 대통령과 탄핵 위기를 함께 극복했으며,

노무현 대통령 서거 시 상주가 되어 참담한 마음을 뒤로 하고
담담하게 일을 처리했다.

그리고…… 그가 제19대 대통령 후보로 나섰다.
제18대에 이어 두 번째 출마였다.

내가 문재인 대통령 후보의 선거연설원이 된 것은
어쩌면 당연한 일인지도 모른다.
노무현 대통령 시절부터 익히 알고 있었고
국회의원 후보였을 때도 함께했으니,
내가 할 수 있는 일이있다면 기꺼이 나서기로 했다.
무엇보다 서로 지향하는 바가 같았기에
망설일 이유가 없었다.

그러나 2017년 대선은 여느 대선과는 달랐다.
전 대통령이 탄핵되면서,
역대 최초로 대통령 선거가 보궐선거로 치뤄지게 된 것이다.
그러다 보니 홍보와 유세 시간이 촉박했다.

문재인 후보의 슬로건은

"나라를 나라답게 / 든든한 대통령" 이었다.

사람들이 전 대통령 탄핵을 외치면서 촛불을 들고 나왔을 때,

그들의 손에는 '이게 나라냐!' 라는 피켓이 들려 있었다.

그리고 이전에는 아무도 몰랐지만,

이제는 대한민국 국민이라면 누구나 아는

대한민국 헌법 제1조!

"대한민국은 민주공화국이다.

대한민국 주권은 국민에게 있고

모든 권력은 국민으로부터 나온다."

문재인 후보는 헌법을 수호할 든든한 대통령이 될 것을 약속했다.

내가 유세차에 서서 마이크를 잡고 있을 때

내 남편 박남태는 선거캠프에서 경선인단을 모집하고 있었다.

참으로 많은 경선인단을 모집했다.

댓가를 바라거나 누군가에게 잘 보이기 위해서였다면

그렇게까지 못했을 것이다.

남편과 나는 신념에 따라 열정을 다했기에

한 치의 후회도 없다.

한두 끼 밥을 거르면 좀 어떠랴,

잠을 설치고 몸이 고되다 한들 그게 뭔 대수라고…….

우리에게는 나라를 나라답게 만들어줄
든든한 대통령이 필요했다.

2017년 5월, 마침내 우리의 간절한 소망이 이루어졌다.
제6공화국 문재인 정부가 들어선 것이다.
나는 문재인 대통령 당선 공로로
당 대표 1급 포상을 받았다.
노무현 대통령 당선 공로 포상에 이어 두 번째였다.

문재인 대통령은 선거 다음 날 바로 청와대에 입성했다.
그리고 얼마 지나지 않아 초청장이 날아왔다.
선거 과정에서 진심을 다해 활동했던 여성들을
영부인이 청와대로 초청한 자리였다.

문재인 대통령의 당선은
많은 사람의 땀과 노력이 어우러진 값진 승리였다.
어느 누구의 공을 가려 크다 작다 말할 수 없다.
하지만 부산에서 제일 먼저 청와대의 초청을 받은
그 그룹에 내가 속해 있었다는 것이 내심 기뻤다.
그렇게 정치인 이순영은 한 뼘 더 성장했다.

정치인으로 산다는 것

"니가 정치한다꼬?

너거 남편이 가만 있나? 뭐라 안 하나?"

구의원을 하겠다고 했을 때 가까운 친구는 이런 반응을 보였다.

민주당 지지도가 낮은 부산·경남 지역에서,

그것도 여성이 선출직으로 나서기에는 적잖은 용기가 필요했다.

그간 노무현 대통령 후보 연설원으로,

국회의원 이철 후보 연설원으로 얼굴을 알렸지만

색안경을 끼고 보거나

고까운 눈초리로 아래위를 훑어보는 이들이 많았다.

남자들도 정치판에서는 아등바등 힘겨루기를 하는데

여자가 그 틈바구니에서 끽소리나 하겠느냐며

콧방귀를 뀌는 사람도 있었다.

나의 역량과 상관없이,

여자라는 이유만으로 낙인이 찍힌 것이다.

같은 정당 내에서도 마찬가지 반응이었다.

내가 사는 지역은 당에서도 관심 있게 지켜보는

핵심 지역이었고, 그런 이유로 나는 내가 살던 곳이 아닌
다른 지역에서 공천을 받아야 했다.
맨땅에 헤딩하는 기분이었지만 오히려 오기가 생겼다.
'어디 두고봅시다. 보란 듯이 당선되어 돌아올 테니!'
2006년의 일이었다.

하지만 결과는 낙선이었다. 아쉬움이 뼈를 녹였다.
그렇게 죽을힘을 다해 뛰었는데도 부족했다.
"아깝네요. 49표밖에 차이가 안 나는데…….
그래도 첫 출마에서 이 정도면 선방한 겁니다.
이번은 그냥 경험이었다고 생각하세요.
다음에 또 기회가 있겠지요."
사람들의 조심스런 위로가 하나도 마음에 와닿지 않았다.

그래도 첫 선거를 치르면서 얻은 것이 있었다.
'지방자치' 라 함은
주민들이 필요로 하는 일을 주민들 스스로,
직접 선출한 대표자를 통해 구현하는 것을 말하는데
현실은 그렇지 않았다.
그래서 북구 구민으로써 의원들의 생각대로 움직이는 지방의회

가 아닌 주민들의 삶이 반영된 의회,

생활밀착형 의회를 지향하는 '북소리 의정 참여단'을 만들었다.

신문고의 역할을 하자는 뜻을 담아,

'북구 구민의 소리'에서 따온 이름이었다.

'북소리 의정 참여단'은 북구에 의회가 열릴 때 의정에 참여해

정치와 현실이 동떨어져 있지는 않은지 검토하는 역할을 했다.

또 지역 예산이 허투루 쓰이지 않는지

의원들이 나태하고 방만하게 활동하지 않는지 살펴가며

쓴소리도 마다하지 않았다.

그리고 열악하고 소외된 계층을 조명하여

그들의 복지를 강화하도록 제안을 하기도 했다.

북소리 의정 참여단 활동을 하면서

정치인으로서의 안목을 넓히고 역량도 키웠다.

어쩌면 다행이다 싶었다.

처음부터 덜컥 구의원이 되었더라면

시민의 입장에서 객관적인 목소리를 내기 힘들었을 것이다.

시간이 지나 정치인으로서 마음가짐이 단단해졌을 때

2010년 비례대표로 북구 의회에 입성했다.

그때 '사람 사는 세상, 살맛나는 북구' 를 만들겠고 공약했다.

그리고 나를 믿고 지지해준 주민들을 위해,

나보다 더 열심히 홍보하며 힘을 보탠 지인들을 위해,

내 자리에서 할 수 있는 일에 최선을 다하겠다고 다짐했다.

구의원 시절 4년 내내 개근을 했다.

나는 13명의 구의원 중 유일하게 개근을 한 의원이다.

성실하게, 초심을 유지하며 지역 구석구석을 살폈다.

2014년, 시의원 첫 도전, 낙선이었다.

부산 시민들은 시의회 역사상

단 한 명의 야당 선출직 시의원을 선택해주지 않았다.

그렇지만 나는 그 시민들에게 '나' 를 묻고 싶었다.

다행히 시민들은 구의원 시절 나의 의정활동을 인정해 주었고,

감사하게도 시의원으로 2018년 7월부터 활동할 수 있었다.

정치인들 사이에서 흔히 하는 얘기가 있다.

"저 사람, 밥값은 하나?" 라는 말이다.

구의원이든 시의원이든 국회의원이든,

그들이 지출하는 비용과 받는 의정활동비는

모두 세금에서 나간다.

그러므로 세금 내는 사람은

의원들이 제대로 일하고 있는지 따질 권리가 있다.

의원들이 제대로 일하지 못할 때

"밥값 못한다"는 지적을 받는 것은 당연하다.

나는 "제대로 밥값 하는 정치인"이 되리라고 마음먹었다.

나는 현재 부산시의회 교육위원회 위원장이다.

"여자가 무슨 정치를 하노?"

지금은 내게 이렇게 말하는 사람은 없다.

그간 일하는 여성, 피해 여성을 위해 일했다.

어르신과 아이들의 복지를 위해 일했다.

학생들이 교육받는 데 제약이 없도록,

장애인이 어울려 살아가는 데 불편함이 없도록,

지역 환경과 개발이 조화를 이루도록,

그리고 무엇보다 우리 삶이 어제보다 나아지도록

최선을 다했다.

'여성 정치인 이순영'이 아니라

'일 잘하는 이순영'으로 기억되고 싶었다.

북구댁의 북구 살림살이

부산은 내가 태어난 고향이다.
결혼하고 얼마 되지 않아 덕천1동으로 이사했으니
북구에 뿌리를 내린 지 35년째다.
10년이면 강산도 변한다는데,
북구의 변화를 세 번하고도
절반이 넘도록 지켜본 셈이다.
이 정도면 누가 뭐라 해도 '북구 전문가' , '북구 토박이' 지 싶다.
그래서 나 스스로 부르는 택호가 "북구댁" 이다.

골목골목 발길 닿지 않은 곳이 없다.
어느 가게가 생겼다가 없어졌는지,
어느 떡집이 무슨 떡을 잘하는지
지금은 아파트가 들어선 자리에
30년 전에는 무엇이 있었는지
머릿속 내비게이션은 선명하게 기억한다.
그곳에서 나이가 들고, 주름이 늘었고,
아이들이 자라 가정을 이뤘던 곳에서
다시는 볼 수 없는 이별도 했다.

산책길에 만난 어린아이와 노인정 어르신들의 표정을 살피고,

상가 사장님들의 푸념에 귀 기울이다 보면

'내가 이들과 함께할 일은 무엇인가' 스스로 되묻게 된다.

함께 숨 쉬며 지내온 시간이 차곡차곡 쌓인다.

어느덧 거리에서 만나는 모든 이들이 다 지인이 되어버렸다.

북구에 대한 애정은 켜켜이 쌓였고 곳곳에 묻혔다.

북구 구민들이 불편하다면

그것은 내 가족과 친구가 힘든 것이고,

북구 구민들이 행복하다면

내 가족과 친구가 행복한 일이다.

북구를 행복하고 살기 좋은 동네로 만드는 일.

바로 그것이 내가 해야 할 일이고,

북구를 사랑하는 내가 자신 있게 더 잘할 수 있는 일이다.

나는 사람들이 머뭇거리는 일에 서슴없이 도전해왔다.

여태까지 그랬고 앞으로도 그럴 것이다.

내가 앞으로 어떤 길을 걸어가게 될지,

나 자신 조차도 궁금하고 기대된다.

어쨌거나 한 가지 확실한 것은,

그 길이 탄탄대로가 아니더라도 아마
나는 씩씩하게 잘 걸어나갈 것이다.
반드시 그럴 것이다.

이순영 씀

차례

들어가는 글 ·· 008

제1장————

멈춤이 없는 여정

1. 그때를 생각하면 가슴이 뛴다 ·· 028
2. 탄핵의 칼바람 ·· 040
3. 인간 노무현과의 이별 ·· 050
4. 멀리 가려면 함께 가라 ·· 058

제2장————

정치인 이순영의 삶

1. 인연의 굴레 ·· 070
2. 이순영처럼, 이순영답게 ·· 083
3. 의리가 밥 먹여 주지는 않아도 ·· 098
4. 남편인 듯 동지인 듯, 그렇게 ·· 117

제3장 ─────

부산을 위해 일하다

1. 구민의 밥상을 살피는 일부터 시작했다 ‥130

2. 작은 것부터, 할 수 있는 것부터 ‥141

3. 문재인의 약속, 북구에 담다 ‥152

4. 질타와 대안 제시 ‥160

제4장 ─────

이 시대, 오늘을 살아가는 우리는

1. 코로나 19, 지금 할 수 있는 것은 무엇인가 ‥172

2. 사람 냄새 나는 북구 사람 ‥178

3. 부산 북구에서 K-투어가 시작된다 ‥186

4. 그래도 할 말은 한다 ‥201

맺음말 ‥204

제**1**장

멈춤이 없는 여정

1

그때를 생각하면 가슴이 뛴다

2002년은 말 그대로 '대한민국 국민이 똘똘 뭉친' 한 해였다. 누군가 길거리에 서서 "대한민국" 하고 외치면 지나가는 사람 열 명 중 예닐곱은 '짝짝 짝 짝짝' 박수를 쳤다. 미리 약속하지 않아도 그 구호 하나로 국민 모두가 한 마음 한 뜻이 되었다. '오, 필승 코리아!' 가 라디오에서 쉴 새 없이 흘러나오고 응원의 함성으로 거리 곳곳이 들썩들썩했다.

2002년 5월 31일부터 6월 30일까지, 그렇게 한 달 동안 대한민국 국민 모두가 '붉은악마' 가 되었다. 동대문 시장발 뉴스엔 "붉은 티셔츠는 물론 붉은 색소조차 구할 수 없노라" 했다. 21세기에 열린 첫 번째 월드컵이자 아시아에서 열린 첫 월드컵, 제17회 월드컵이 한국과 일본에서 공동 개최되었다.

서울시청, 부산역 광장 뿐만 아니라 전국 구석구석 치킨, 호프집을 가득 메운 붉은악마는 한 목소리로 대한민국을 외쳤고 세계 언론은 대한민국 국민의 단합된 모습에 감탄하는 기사를 연일 내보냈다. 태극전사들은 국민의 응원에 힘입어 여느 때보다 더 열정적으로 뛰었다. 그리고 마침내 4위의 성적을 올리며 감격의 눈물을 흘렸다. 역대 최고의 성적이었다.

그러나 우리는 그보다 더 가슴 벅찬 일이 있었다.

2002년 12월 19일, 제16대 대통령 선거! 자랑스런 대한민국은 또 하나의 기적을 이뤄냈다. 2002년, 그때를 생각하면 나는 지금도 가슴이 뛴다.

*
선거연설원이 되다

각 당에서 대통령 후보가 결정되고 열띤 선거전이 시작되었다. 선거유세 동선과 장소가 결정되고 참모진이 꾸려졌다. 그런데 문제는 선거연설원이었다. 부산에서도 강서구는 보수정당 지지 세가 강한 터라 웬만한 내공이 아니면 시민들의 호응을 얻기 어려운 곳이다. 그것은 그때나 지금이나 마찬가지다.

"연설원 누구 없나? 당차고 노련한 선수로."

봉화 사저에서

당시, 노무현 대통령후보의 특보였던 강용호 고문의 말씀을 듣고 민원부장이었던 팔불출 남편이 넌지시 마누라를 추천했던 것 같다.

"우리 집사람이 학창 시절에 웅변을 좀 잘 했는데예."
"그래? 그럼 당장 등록해라. 일단 한번 보자."

남편은 부산상고 선배인 노무현 후보가 정치에 발을 들일때 부터 늘 그와 함께했다. 자기 일보다 선배 일이 먼저였다.

노무현 대통령이 종로 국회의원 시절, 남편이 김포공항에서 울산까지 모셨던 적이 있다.

"남태야! 담배 하나만 도!"

끽연가였던 대통령이 차창을 열고 담배를 태우시다가 "끊어야 되는데 잘 안 된다" 하셨다는 얘기를, 집에 돌아온 남편을 통해 들은 기억이 있다.

내 남편은 꼬장꼬장한 수학 선생 같았다. 어떤 사안이 생겼을 때 나는 신발부터 옆구리에 끼고 냅다 뛰는 형이라면, 남편은 팔짱 끼고 왜 이런 일이 생겼는지부터 생각한다. 어디로 갔을 때 몇 미터가 더 빠른지 계산한 뒤 움직이는 스타일이다. 그런 성격이 나로서는 답답해 죽을 지경이었지만, 꼼꼼하고 치밀한 계획적인 성격은 조직을 꾸리고 계획을 세우는 데 따라올 사람이 없었다. 남편보다 나는 달변이었고, 남편은 마누라 보다는 눌변이었다.

그렇게 남편의 권유로 노무현 후보의 선거연설원으로 연단에 올랐다. 내가 먼저 나서서 연설원이 되겠다고 한 것은 아니었지만, 그 일이 계기가 된 것임은 분명하다.

1988년 7월 8일 국회 본회의장에서 당시 노무현 국회의원의 첫 연설을 되뇌어 본다.

"제가 생각하는 이상적인 사회는 더불어 사는 사람 모두가 먹는 것, 입는 것, 이런 걱정 좀 안 하고 더럽고, 아니꼬운 꼬라지 좀 안

보고, 그래서 하루하루가 좀 신명나게 이어지는 그런 세상이라고 생각합니다. 만일 이런 세상이 좀 지나친 욕심이라면, 적어도 살기가 힘들어서, 아니면 분하고 서러워서 스스로 목숨을 끊는 그런 일은 좀 없는 세상, 이런 것이라고 생각합니다. 노동자와 농민이 다 함께 잘 살게 되고 임금의 격차가 줄어져서 굳이 일류대학을 나오지 않는다 할지라도, 그리고 높은 자리에 안 올라가도 사람대접 받을 수 있는 그런 세상……."

〈1988년 7월 8일 국회 본회의장에서 당시 노무현 국회의원의 첫 연설 중 일부〉

'사람 사는 세상'을 간절히 염원하는 이가 대통령이 되길 나 또한 간절하게 바랐다. 이렇듯 지향하는 바가 같은 사람이 대통령이 된다면, 그가 만드는 세상이 내가 바라는 세상이겠다 싶었다. 노무현 후보가 대통령으로 당선되길 진심으로 바랐다. 그리고 간절한 마음이 담긴 연설은 호소력이 있을 수밖에 없었다.

그러나 사람들은 대부분 상고 출신 대통령 후보, 실업계 고등학교를 졸업한 영부인을 받아들일 마음의 준비가 안 돼 있었다. 학업의 성취보다 당장 돈벌이를 위해 상고와 실업계 고등학교에 입학할 수밖에 없는 시대적 아픔을 기억하는 사람은 많지 않았다. 사람들은 지나간 세월을 쉽게 잊었다.

그 시절 내 언니는 동생들을 업어 키우느라 또래 친구들이 6학년을 졸업할 때 즈음에야 초등학교에 입학했다.

오빠와 동생들의 학비를 벌기 위해 공장에 다녔고, 잠 안 오는 약(언니는 그 약을 '아나뽕'이라 불렀던 기억이 난다)을 먹으며 미싱을 밟았다. 꾸벅 졸다가 손가락을 다치는 일도 다반사였다.

지금도 언니 손은 그 당시 미싱에 박혀 수술했던 자국이 선명하다. 그때는 시대가 그렇다 보니 다들 그렇게 사는 줄로만 알았던 것이다.

나는 내 연설문을 직접 썼다. 연설문이라는 게 연설자의 어투에 맞게 써야 의미가 명확해지고 더욱 호소력 있게 청중에게 전달되게 마련이기 때문이다.

"존경하는 부산 시민 여러분! 그리고 북구 주민 여러분 안녕하십니까? 저 건너편에 코다리 팔고 있는 숙이 언니, 안녕하십니까? 이쪽 좌판에서 생미역 팔고 계신 장 사장님, 오늘 장사는 좀 어떠십니까? 우리가 이렇게 자리를 차지하고 떠드니까 장사에 지장이 많으시죠? 우선 죄송하다는 말씀부터 드립니다.

제가 생각하는 정치는 그렇습니다.

오늘 여기서 내가 해야 하는 연설 내용도 중요하지만 내 지역, 내 이웃의 안부를 먼저 묻는 일, 그것이 정치라고 저는 생각합니다. 노무현 대통령 후보의 아내 권양숙 여사도 여러분의 큰 언니이고, 누이이고, 동생입니다.

제 언니도 우리들 뒷바라지를 위해 학업을 포기하고 공장에 다녔습니다. 교복을 입고 학교에 가는 또래 친구들로부터 '공돌이, 공순이' 라는 놀림도 받았습니다.

그런데 그런 우리 언니가 무슨 잘못을 했습니까? 우리 언니처럼 고생한 숱한 언니 오빠들이 이렇게 의연하게 살아가고 있습니다. 친정에서는 형제자매들을 위해서, 지금은 내 아들딸들이 나처럼 살지 않게 하기 위해서 오늘도 이렇게 살아있지 않습니까?"

내 연설의 내용은 대강 이런 식이었다. 연설문을 꼼꼼하게 적어 놓고도 현장의 상황과 분위기에 따라 달라지기가 일쑤다.

대통령 후보 경선 과정에서 눈물로 절규하던 노무현 대통령의 그 연설을, 나는 아직도 똑똑히 기억한다.

"내가 이런 내 아내를 버려야 합니까? 그래야 한다면, 나는 여기서 정치를 포기하겠습니다."

나는 청중들에게 간곡히 호소하고 읍소하는 내용들로 연설을 했다. 그때는 젊었을 때라 목소리도 맑고 카랑카랑했던 것 같다.

연설을 마치고 장사에 방해를 한 죗값으로 좌판에 놓인 물건들을 사며 또 지지를 호소했다. 쪼그리고 앉아 한 표 부탁을 하면 '어쩜 그리 내 이야기를 다 아는 듯이 연설을 하노' 하며 눈시울을 붉히셨다.

"연설 하나는 기가 막히게 하는 기라."

유세차에서 내려오면 고문님들의 칭찬이 자자했다. 한 표라도 더 얻기 위해 목에서 쇳내가 날 때까지 마이크를 잡았고, 목이 부어 죽도 못 삼키는 상황에서도 마이크를 내려놓을 수 없었다.

부산은 당시 한나라당의 텃밭이요 '민주당'이라고 하면 '빨갱이'라며 손가락질을 받았다. 대통령 후보 지지연설을 한다고 해도 귀 기울여 듣는 사람이 없었다.

누가 대통령 후보로 나오든 부산 시민들은 무조건 한나라당을 찍을 준비가 되어 있었다.

상황이 이렇다 보니 선거는 더욱 힘겨울 수밖에 없었다. 싸우자고 나선 것이 아닌데, 마음속 각오는 점점 비장해졌다.

2002년, 그해는 뜨겁게 내 머리와 가슴속에 남았다. 열정으로 하나가 되고 기쁨에 들떠 세상을 다 가진 것처럼 벅찼다.

당시 가장 당선이 유력한 사람은 한나라당 총재였던 이회창 후보였다. 그는 대선 주자 중 40%가 넘는 지지율을 확보하면서 다른 후보들을 압도했다.

새천년민주당 당내에서는 이회창 후보에 대적할 만한 주자를 선정하는 일부터가 쉽지 않았다. 이인제, 한화갑, 노무현, 정동영 네 명의 정치인이 엎치락뒤치락하며 후보 자리를 두고 경선을 했다. 그리고 그중 가장 유력한 후보로 이인제 후보가 거론되었다.

하지만 제주도, 울산, 광주, 대전, 충남, 강원, 경남, 전북, 대구, 인천, 경북, 충북, 전남, 부산, 경기, 서울 이렇게 16지역에서 차례차례 경선을 치르는 동안 상상하지도 못한 변수들이 등장하면서 마침내 누적 득표 1위로 노무현 후보가 확정되었다.

처음에는 이회창 후보에 대적할 만한 대항마가 없으리라 예견했으나, 새천년민주당에서 노무현 후보로 결정되자 '엇, 해볼 만하겠는걸' 하는 목소리가 조심스럽게 나오기 시작했다.

그런 예측을 하는 데는 '노사모'의 힘이 컸다. 개혁당도 힘을 보탰다. 노사모는 충성도가 강한 지지를 기반으로, 자발적이고 적극적이며 조직적으로 노무현 대통령 후보지지 활동을 하고 있었다. 사실 경선 전 지지율이 2%에 불과하던 노무현 후보가 새천년민주당의 최종 후보로 결정된 것도 노사모의 활약 덕분이었다 해도 과언이 아니다.

국민들은 대쪽 같은 판사 이미지의 이회창 후보가 당연히 당선될 것이라고 믿었다. 노무현 후보는 빨갱이설, 밀어주기 음모론 등, 흑색비방에 휘말려 있었고, 민주노동당의 권영길 후보는 TV토론회 이후 지지층을 넓히며 '2인자는 누가 될 것인가'에 오히려 이목이 집중되는 상황이었다.

2002년 12월 19일, 제16대 대통령선거 투표가 시작되면서 출구조사도 함께 진행되었다. 출구조사를 전적으로 믿기는 어렵지만 어느 정도 근접한 결과를 예측할 수 있기에, 사람들은 출구조사 결과에 귀를 쫑긋 세우고 있었다. 물론 남편과 나도 그 중 하나였다. 역시 예상대로 이회창 후보가 선두를 달렸다. 그러나 점심 이후부터 노무현 후보가 역전을 하더니 투표 마감 시점에는 마침내 노무현 후보의 우세로 출구조사가 집계되었다.

투표가 마감되고 부산 동래구를 시작으로 개표가 진행되었다. 보수 성향이 강한 지역이라는 특성을 감안하더라도 이회창 후보가 50% 이상 득표하면서 예상대로 여유 있게 앞서 나갔다. 다른 지역도 서서히 개표를 시작했고, 이회창 후보는 확실히 선두자리를 굳혀 나갔다.
그런데 개표율 30%를 넘어서면서부터 긴장감이 감돌았다. 투표함을 열어서 집계를 할 때마다 순위가 엎치락뒤치락 했고, 40%를 넘어서면서부터 새천년민주당 노무현 후보가 역전으로 1위로 올라선 것이다. 숨이 막혔다.

남편과 나는 다른 지지자들과 함께 선거캠프 TV 앞에 모여 앉아 개표 현황을 지켜봤다. 개표가 진행되고 순위가 엎치락뒤치락할 때마다 심장이 쪼그라들어 숨도 못 쉴 지경이었다. TV 화면의 숫자가 바뀔 때마다 환호와 탄식이 엇갈렸다. 손에 땀을 쥐는 개표 상황에 피가 말랐다.

밤 8시, 8시 30분, 9시, 9시 30분…… 그리고 마침내 9시 35분!

"와! 됐어! 됐어!"

개표율 50%를 넘기면서 이회창 후보와 노무현 후보의 표 차이는 18만 표 이상 벌어졌다. 이제 노무현 후보의 당선이 유력한 상황이었다. 기쁨의 감정을 애써 누르며 침착하게 최종 결과를 기다렸다. 하지만 마음은 한결 여유로웠고 기쁨의 미소가 새어나오는 것을 감출 수 없었다.

눈치 없는 시간은 더디게도 흘렀다. 밤 10시가 되어서야 비로소 개표율 68%가 되었다. 드디어 방송에서는 '제16대 대통령 노무현 확정!' 이라는 자막이 나왔다.

"새천년민주당 노무현 후보가 25만 표 이상 앞서나가면서 당선이 되었습니다. 노무현의 기적, 국민이 승리한 순간입니다. 대한민국 제16대 대통령 노무현 확정입니다."

"우와! 만세, 만세!"

그때의 그 상황을 부연 설명하지 않아도 우리들은 안다. 하루 종일 물만 마시며 숨죽이던 긴 시간 끝에 뼛속 깊은 곳으로부터 터져 나온 승리의 함성이었다.

우리는 어느 누구 할 것 없이 함께 서로 부둥켜안았고 꺼이꺼이 소리 내어 울었다. 그간의 설움이 밀려왔다. 건네는 명함에 침을 뱉어도 참아내며 얻은 값진 승리였다. 몰아치는 감정의 물결 사이로, 노무현 후보 지지를 외쳤던 지난 시간이 주마등처럼 스쳐갔다.

이후 내 사회상훈 이력에 영광스런 한 줄이 기록되었다.

'노무현 대통령 감사장 1급 포상'

대통령은 공무원이기 때문에 정당의 일에 상을 수여할 수가 없다. 그래서 당시 당대표의 이름으로 1급 포상을 받았다. 상을 받은 게 자랑스러운 것이 아니라, 사람 사는 세상을 여는 일에 함께할 수 있었음에 가슴이 뜨거웠다.

내 삶에서 그때만큼 뜨거웠던 때가 있었을까? 없었다. 단언컨대 앞으로도 없을 것이다. 그리고 그때의 뜨거움만으로도 내 정치인생은 이미 충만하다.

2

탄핵의 칼바람

기대와 희망으로 한껏 부풀어 '새로운 세상'이 열리기 바라던 우리에게 세상은 그리 호락호락 하지 않았다.

2003년 2월, 노무현 대통령은 정식으로 대통령에 취임하면서 대한민국의 수장이 되었다. 대통령 취임식은 참여정부답게 많은 국민이 참석할 수 있도록 국회의사당 잔디광장에서 열렸다. 날씨가 정말 추웠다. 한강 둔치에 관광버스를 세우고 생전 처음 검색대를 통과해 대통령 취임식장으로 들어섰다. 사람들이 많았지만 엄중한 경호 탓인지 질서정연했다.

그때도 프롬프트가 있었는지 모르겠지만, 대통령께서는 원고를 보지도 않고 장문의 연설을 막힘 없이 해내셨다. 그 모습을 마주하는 것이 감격스럽고 자랑스러웠다. 대통령 취임연설에 이어 국회의원 회관 옥상에서 예포가 울려 퍼졌다. 처음부터 세지는 않았지만 보통 서른세 발을 쏘니 아마도 서른세 번의 포성이 울렸던 것 같다.

하지만 취임의 기쁨도 잠시, 여소야대의 열악한 입지에 있다 보니 취임 내내 순탄하지 않았다. 대통령과 힘을 합해 국가 안보 및 국민의 삶을 돌봐야 할 정치인들이 대통령의 반대편에 서서 대놓고 불편한 기색을 드러냈다.

권위적이고 집단이기주의에 매몰돼 있던 그들은 권력과 권위를 배제한 노무현 대통령의 개혁정책을 못마땅하게 여겼다. 특히 '날아가는 새도 떨어뜨린다'는 수사 정보기관의 권력을 공개적으로 제압하면서 불화가 표면화되었다. 기득권 세력과 조·중·동으로 대표되는 보수언론에서는 노무현 대통령을 향한 유언비어와 비방 기사는 도를 넘었다.

"대통령 못 해먹겠다."

오죽하면 집권 3개월 만에 대통령의 입에서 이런 소리가 나왔을까 싶다.

엎친 데 덮친 격으로 새천년민주당 내 갈등이 불거지면서, 새천년민주당은 열린우리당과 민주당으로 나뉘고 말았다. 나를 비롯한 많은 지지자들은 안타까움에 발을 동동 굴렸다. 가뜩이나 대통령의 지지기반이 약한데 여당이 둘로 나뉘자 대통령은 민주당 탈당을 선언했다. 그러면서 민주당이 여당으로 돌아섰고 여소야대의 구도가 극명해졌다.

　시간이 지나면서 보수 야당의 횡포와 몽니는 더욱 심해졌다. 대선 당시 뇌물수수에 대한 부분, 대통령 측근의 비리, 부정선거 등 각종 근거 없는 이유를 들어 대통령을 압박했다. 대북 정책 면에서도 노무현 빨갱이설을 또다시 꺼내들면서 언론과 국민의 감정을 부추겼다.

　하지만 이것은 대통령 업무 혹은 노무현 대통령의 문제가 아니었다. 누가 보더라도 '내 편이 아니라 못마땅한' 야당 국회의원들이 서로 작당해서 대통령을 자리에서 끌어내리려는 행태였다. 국민이 뽑은 대통령을 국회의원이 탄핵하다니, 이것은 민주주의에 어긋나도 한참 어긋난 행동이다.

　마침내 노무현 대통령은 '국민투표로 신임을 묻겠다' 며 국민에게 심판권을 넘겼다. 국민이 뽑은 대통령이니 죄가 있다면 국민의 심판을 받겠다는 것이었다.

　마침내, 헌정 이후 최초로 한나라당과 민주당 의원에 의해 대통령 탄핵소추안이 발의되었다.

보수 야당은 신이 나서 탄핵안 제안 사유를 만들어냈으나, 정작 국민은 그들의 사유에 공감하지 않았다. 그럼에도 불구하고 국회 안건으로 발의되었으니 국회의원들의 투표에 의해 좌지우지 될 지경에 이르렀다.

열린우리당은 탄핵안이 통과되는 것을 막기 위해 온몸으로 의회를 사수했다. 그러나 정족수가 많은 보수 야당은 힘으로 밀어붙였다. 국회에 욕설이 난무하고, 걸어 잠근 문을 도끼로 깨부수고, 소화기를 들어 발사하고…… 어디서도 볼 수 없는 패싸움이 대한민국 국회에서 벌어진 것이다.

투표에 들어가기에 앞서 국회의장이 경호권을 발동했다. 이에 국회 경위들이 나서서 의장석 주변에서 농성을 벌이던 열린우리당 의원들을 강제로 끌어내기 시작했다. 경위들이 힘에 부친다 싶으면 보수 야당 의원들이 힘을 보태 열린우리당 의원들과 몸싸움을 벌였다. 그곳은 이미 민주주의 국가의 국회가 아니었다. 처절한 전쟁터였다.

"탕탕탕!"

국회의장의 손에 들린 의사봉은 국민을 향한 총성을 난사했다. 피로 쌓아 올린 대한민국의 민주주의가 허망하게 사망한 날이기도 했다.

'노무현 대통령을 탄핵한다.'

마침내 열린우리당 의원들을 의회 밖으로 내동댕이 쳐졌고 오전 11시 22분에 단상에 올라선 국회의장은 의회 개회 선언을 포함해서 안건 상정, 제안 설명, 투표, 그리고 결과 발표까지 대한민국의 역사에 오점을 남겼다. 11시 25분, 그렇게 허망하게 대통령 탄핵 소추안이 통과되었다.

언론은 국회에서 벌어진 모든 상황을 전 세계로 가감 없이 보도했고 현장 상황이 고스란히 카메라에 잡혔다. 누가 봐도, 한 나라의 국회라기에는 어이없고 부끄러운 모습이었다.

이에 더해 국영방송 아나운서들과 4대 일간지 논설위원들은 하나같이 야당의 편에 서서 편파적인 보도를 쏟아냈다. 탄핵소추안 통과는 당연한 결과였고 그들의 정의가 승리했다는 내용이었다. 이러한 상황을 개탄하는 국민들은 땅을 치며 분노했다.

정대화 상지대 교수는 "의회에 의하여 민주주의가 거부된 것이며, 1980년대 이후 전개되어 온 민주화 역사에 대한 수구세력의 도전이다"는 말로 야권 정치인들을 신랄히 비난했고, 조명래 서울 YMCA 시민정치위원장은 "국민의 역사적 의식과 배치되는 치욕의

날로 기록될 것이다"라고 말했다.

　많은 국민들은 보수 언론에 휩쓸리지 않고 자신이 직접 보고 듣고 느낀 것을 믿는 사람도 많았다. 무엇이 옳고 그른지, 누가 앞장서서 선동하고 어떻게 국민들의 눈을 속이려 하는지 두 눈 부릅뜨고 지켜보았다.

　노무현 대통령 탄핵이 발표되자 국민은 화염병 대신 촛불을 들었다. 촛불은 조용하고 평화롭지만 억압의 바람에 꺼지지 않는 민초民草의 힘이 되었다.

　촛불을 들고 나선 사람들은 정치인이 아니었다. 회사원, 주부, 노동자, 학생 등 평범한 우리 이웃이었다. 각계 각층에서 서로 다른 삶을 살아가던 그들이었지만 한 가지 공통점이 있었으니, 그들 모두가 대한민국 국민이었다. 국민의 대통령을 지키기 위해 국민이 나선 것이다.

　처음에는 며칠 하다가 그만두겠거니 생각했지만, 민중의 염원은 하나둘 그 빛을 더했다. 손에서 손으로 옮겨준 작은 불씨는 삽시간에 전국으로 번져, 마침내 촛불을 들고 거리로 나선 인파는 성난 분노가 되어 있었다.

국민의 촛불집회에 이어 학계, 문화예술계, 지식인과 종교계 인사들까지 나서서 탄핵 반대를 지지하는 성명서를 발표했다. 한국 공법학회 회원인 헌법학자 중 69%가 야당에서 제출한 소추안은 탄핵사유가 안 된다며 정식 논평을 내놨다. 이것이 국민의 뜻이었다.

우리는 서면으로, 부산역으로, 서울의 광화문으로 향했다.

우연잖은 기회에 다시 한번 마이크를 잡은 나는, 간곡히 호소했다.
"부산 시민 여러분, 똑똑히 보셨지요? 여당과 야당이 머리채 잡고 싸우다가, 마침내 국민을 볼모로 정치 게임을 벌이는 한심한 이 행태를 다 보셨지요? 민주주의 국가에서 이게 말이나 되는 일입니까?"
격해지는 감정으로 목소리가 떨렸다.

"대한민국은 민주주의 국가 아닙니까? 나는 민주주의는 국민이 주인인 나라라고 배웠습니다. 그래서 국민이 직접 한 표 한 표 찍어서 우리가 대통령을 만들었습니다. 국민들 좀 잘살게 해달라, 사람답게 살게 해달라고 노무현 후보에게 꾸욱 도장 찍었습니다. 그런데 야당 국회의원들은 마음에 안 들었나 봅니다. '우리 편 아니니 흠집 내고 끌어내리자, 우리 편 쪽수가 더 많으니 밀어붙이자!' 그렇게 해서 국민이 뽑은 대통령을 끌어내렸습니다. 이게 민주주의입니까?"

"옳소!"

여기저기서 박수와 함성이 터져 나왔다.

"국민을 대변하라고 뽑은 국회의원이 국민의 뜻을 거스르고 반대편에 섰습니다. 국회의원이 제 밥그릇 챙기느라 국민의 심부름꾼으로서 역할을 못하고 있으니, 이제 국민이 직접 나서야 할 차례입니다. 그래서 진짜 국민의 뜻이 무엇인지 보여줘야 할 때입니다."

국민들은 "탄핵 무효", "한나라당, 민주당의 정권 찬탈 음모를 규탄한다!" 등을 외치며 맨바닥에 드러누웠다. 시민들의 단합된 행동과 감정이 고조되었다.

"국회에 계신 분들은 여기 계신 국민들의 목소리가 안 들립니까? 우리가 들고 있는 이 촛불이 안 보입니까? 국민의 심판이 두렵지 않습니까?"

"국회를 탄핵하라!", "촛불은 꺼지지 않는다"를 외치는 목소리가 전국에 메아리쳤다.

하지만 국민의 목소리가 커질수록 야당 정치인들도 어떻게든 탄핵의 정당성을 확보하기 위해 악착같이 매달렸다.

양측이 정당성과 부당성을 주장하고, 대통령이 법정에 소환되고…… 연일 탄핵 관련 소식이 뉴스를 도배했다. 그 가운데 탄핵

무효를 외치며 한 명이 자살을 하고 다른 한 명이 분신을 했다. 목숨을 바쳐서까지 지키고 싶었던 우리의 대통령이었다.

헌법재판소에서 심판이 계속되는 동안, 제17대 국회의원 선거가 열렸다. 사실 이 투표는 '어떤 국회의원을 뽑을 것인가'가 아니라 '어떤 당을 뽑을 것인가'가 관건이었다. 기세 좋게 대통령을 탄핵하고 나선 야당에게 힘이 실릴지, 아니면 힘없는 여당에게 힘이 실릴지, 모두의 관심이 집중되었다.

마침내 제17대 국회의원 선거에서 집권 여당인 열린우리당이 압승을 거두었다. 전국의 광장에 모여 촛불을 들었던 사람들은 이때 비로소 깨달았다. 한 방울의 물은 바위를 뚫지 못하지만, 그 물이 끊임없이 한곳을 향하면 마침내 바위에 구멍이 뚫린다는 것을.

선거가 끝나고 그해 5월 헌법재판소에서는 노무현 대통령 탄핵 기각 결정을 내렸다. 탄핵소추안이 가결되어 헌법재판소에 넘어가고, 헌법재판소에서 기각되고, 노무현 대통령이 업무에 복귀하기까지, 모든 일은 불과 2개월 사이에 일어났다.

2개월이 어찌나 험난하고 우여곡절이 많았던지 마치 2, 3년이 훌

쩍 흐른 듯했다. 나는 속을 끓이면서 애태운 탓인지 잇몸이 내려앉 았다. 평소 살집이 별로 없는 남편의 건강도 눈에 띄게 나빠졌다.

내 인생의 그 어느 때보다 길었던 2개월. 그러나 그 일은 역경을 이겨내고 승리한 경험이 되었다. 앞으로 어떤 시련이 나를 시험에 들게 할지라도 쓰러지지 않을 것이라는 의지를 다지는 데 중요한 밑거름이 되었다.

3

인간 노무현과의 이별

사람들은 누구나 가슴속에 별 하나를 품고 산다.

나는 노무현 대통령을 존경하지만 '인간 노무현' 이야말로 내 마음 속 별로 삼고 싶은 인물이다.

때때로 영화와 책에서 그간 내가 알지 못했던 노무현 대통령을 만나는 일은 새로운 기쁨이다.

대개의 사람이 권력 앞에서 비굴해질 때, 그분은 약자 편에 서서 두려움 없이 바람막이가 되어 주셨다.

그의 말대로 '더럽고 아니꼬운' 세상에 비수를 던지고, '좀 덜 가지고 덜 배웠어도 인간답게 살아갈 수 있는 세상'을 만들기 위해 차근차근 세상을 바꿔나갔다.

2022년, 대통령 선거를 앞두고 시중에서 노무현 대통령이 다시

회자되고 있다. 그리고 그 결론은 "역시 노무현"으로 끝을 맺는다. 당시 힘없는 우리는 알고 있으면서도 그를 끝내 지켜내지 못했고, 힘 있는 사람들은 알아도 모른 척 그를 놓아버렸다.

'그때는 그걸 왜 몰랐을까?'

외롭게 혼자 싸우는 걸 보고만 있었기에, 잘 이겨내리라 믿었기에 그저 죄송한 마음이다. 노무현 대통령을 생각하면 나는 또 하나의 옹이가 가슴 깊숙이 박힌다.

＊
영화처럼, 바람처럼 우리 곁을 떠나다

내 마음속에서 별이 떨어지던 날 아침은 여느 때와 다름없는 평범한 날이었다.

일상을 시작하는 아침 무렵, 평소처럼 뉴스를 틀어놓은 채 분주하게 출근 채비를 하고 있었다.

평범한 뉴스는 갑자기 속보로 날아들었다. 새벽 산책길에 오른 노무현 대통령이 봉하마을 뒷산 부엉이바위에서 투신, 병원으로 옮겼으나 위독하다는 내용이었다. 오보라고 생각했다. 말도 안 되는 소리라며 고개를 저었다. 절대 일어나지 않을 일, 이내 일어나서는 안 되는 일이었다.

아마 이 속보를 처음부터 믿었던 사람은 없었을 성싶다. 대부분 나처럼 '저게 무슨 말이지? 누가 또 유언비어를 퍼뜨리는 거 아냐?' 하는 의심을 먼저 품었을 것이다.

그런데 분위기가 심상찮았다. 속보가 반복되고, 기자들이 부엉이바위와 병원 현장에 나가 보도를 하고, 진영읍의 어느 병원에서 급히 양산 부산대병원으로 이송중이라 하고, 주위에 비상 병력이 배치되는 그 모든 것을 지켜보는 동안 심장이 두방망이질을 해댔다.

"아악! 여보!"

안방에 있던 남편이 내 비명소리를 듣고 뛰쳐나왔지만 나는 말을 이을 수 없었다. 남편의 시선이 자연스럽게 TV로 향했다. 그리고는 남편의 입술이 파랗게 변했다.

"저기 뭐꼬?"

떨리는 목소리가 눈물에 젖어서 갈라졌다. 남편이 비통한 표정으로 전화기를 들고 안방으로 들어갔고, 나는 TV에서 눈을 떼지 못했다.

나는 무엇을 어떻게 해야 할지 몰라 지금의 부산진구청장인 서은숙에게 전화를 했다.

"엉엉엉! 뉴스 봐라, 뉴스! 노무현 대통령이…… 으엉 으엉! 아이고 우짜꼬! 이 일을 우짜꼬!"

"언니야, 아침부터 와? 뭔 일이고?"

통곡 외에는 말이 나오지 않아 한참을 목 놓아 울었다. 입으로는 부정하고 있었지만, 이미 다리에 힘이 풀려 털썩 주저앉아 버렸다. 어쩌다 이런 일이 일어난 걸까. 눈앞이 캄캄했다.

봉화방문

그렇게 혼란스러운 아침 시각이 조금 지나자 문재인 비서실장이 양산부산대병원에서 기자회견으로 노무현 대통령의 서거를 알렸다. 2009년 5월 23일 오전 11시였다.

사망 시각은 9시 30분. 가족도 친구도 없이 경호원 한 명과 같이 사저를 나온 시간이 오전 5시 45분이었고, 투신한 시간이 6시 40분인 것을 보면 이미 단단히 마음을 먹고 사저를 나선 듯 보였다.

그리고 그런 극단적인 결정을 내리기까지 고뇌한 시간이 길고 깊었음을 우리는 뒤늦게 알았다.

너무 많은 사람들에게 신세를 졌다.

나로 말미암아 여러 사람이 받은 고통이 너무 크다.

앞으로 받을 고통도 헤아릴 수가 없다.

여생도 남에게 짐이 될 일밖에 없다.

건강이 좋지 않아서 아무것도 할 수가 없다.

책을 읽을 수도 글을 쓸 수도 없다.

너무 슬퍼하지 마라.

삶과 죽음이 모두 자연의 한 조각 아니겠는가?

미안해하지 마라.

누구도 원망하지 마라.

운명이다.

화장해라.

그리고 집 가까운 곳에 아주 작은 비석 하나만 남겨라.

오래된 생각이다.

2009. 5. 23. 새벽

노무현 대통령이 유언장에 마침표를 찍었다. 유언은 A4 한 장도 안 될 만큼 짧았다. 유서에 담긴 덤덤한 말투에서 그간 얼마나 마음고생이 많았는지 고스란히 느껴졌다.

이 글도 우리는 유서라고 인정하고 싶지 않았다. 고뇌와 갈등이 쌓이고 썩어 마침내 체념한 듯한 문장. 슬퍼하지 말라는 말에 가슴이 미어지고 원망하지 말라는 말에 원망스런 얼굴들이 더욱 선명하게 떠올랐다.

우리보고 어쩌라고, 남은 우리는 어쩌라고……. 그렇게 그분은 떠났다. 이제 나에게 5월은 찬란한 슬픔의 봄이 되고 말았다. 그분이 떠나시자 노무현 재단이 만들어지고, 모금을 하고, 노무현을 잊지 않기 위한 몸부림이 일어났다.

사람들은 그의 소박하고 인간적인 면을 이렇게 기억한다.

거리에서 아이스크림을 함께 먹으면서 더위를 식히고, 평범한 펜션에서 잠을 자고, 낯모를 촌부와 마주앉아 막걸리를 나눠 마시고…….

우리나라 대통령 중, 진정으로 국민을 위해 일한 사람이 과연 몇이나 될까. 미국과 일본의 압박에 스스로 무릎을 꿇고, 독재와 장기집권을 꿈꾸며, 군사력을 동원하고, 무기력하게 배후 세력의 꼭두각시 노릇을 하고……. 안타깝게도 그것이 우리나라 대통령들의 모습이었고, 대통령의 정책 방향에 따라 우리나라의 국민들의 주체성도 흔들렸다.

보수 언론은 국민의 눈과 귀를 멀게했다. 사회 분위기는 '말 한 번 잘 못하면 쥐도 새도 모르게 사라지는' 공포심을 국민의 마음에 심기 혈안이었다. 그리고 삼천교육대가 생겼고 형제복지원이 생겼다.

그러나 이제는 민주화의 거대한 물결을 거스를 수 없는 시대가 되었다. 국민은 옳고 그름을 판단할 수 있는 지혜를 갖게 되었고, 두려움에 맞설 용기를 얻었으며, 언론에 쉽게 휘둘리지 않는 판단력도 갖추었다.

'정치는 윗사람들이 알아서 하겠지' 하고 등한시하는 것이 아니라, 정치가 곧 국민의 삶을 결정한다는 것을 잘 알기에 촛불이라도 들고 거리로 나선 것이다. 나보다 못한 사람의 지배를 받지 않기 위해 국민들은 거리로 나서야 했고 촛불을 들어야 했던 것이다.

노무현 대통령이 그랬던 것처럼, 대통령의 리더십은 국민의 입장에 서서 생각하고, 국민이 원하는 것이 무엇인지 알아내는 데서부터 시작된다. 평범하게 일하고, 보이는 모습 그대로가 '진짜' 인 사람이 바로 노무현이었다. '아, 대통령도 우리와 같은 사람이구나!' 를 알게 해준 노무현 대통령은 남편이고 가장이며 아버지고 친구였다.

노무현 대통령이 우리 곁을 떠나고 봉화 마을에는 작은 비석 하나가 남았다. 내 남편은 선배이자 오랜 동지의 죽음 앞에서 힘없이 무너졌다. 남편이 노무현을 잃었다는 것은 세상을 다 잃은 것과 다를 바 없었다.

나와 말다툼을 하거나 마음이 울적할 때 내 남편 박남태는 수시로 봉하마을을 찾았다. 봉하 막걸리를 마시고 꺼이꺼이 울며 전화하던 남편을 생각하면 지금도 정말 울고 또 울고 싶다.

바보! 바보! 진짜 바보들!

그때나 지금이나, 돌이킬 수 없는 시간이 원망스럽다.

나는 그날 일은 가능하면 생각하지 않으려 도레질을 한다. 할 말도 없고 꺼내본들 무엇이 달라지겠는가. 그래서 드라마 속 장례식 장면, 뉴스 속 부고 소식이 나오면 채널을 돌린다.

아직도 그런 장면을 보면 심장이 두근거린다.

시간이 지나도 가시지 않는 슬픔일 것이다.

내게는 그날 일이 그러하다.

4

멀리 가려면 함께 가라

사람마다 자기의 역할과 몫이 있다. 타고난 재능이 있는가 하면 재미에 빠져 스스로 개발한 능력도 있다. 그것을 개발해서 제 몫을 다할 때 그 사람은 빛이 난다.

나는 어릴 때 공부는 참 못했는데 웅변은 잘했다. 그래서 웅변대회가 있을 때마다 학교 대표로 나가 상을 휩쓸었다. 대개 사람들은 무대에 올라서면 눈앞이 캄캄해지고 머릿속이 백짓장이 된다는데, 난 그 반대다.

연단에 서면 적당히 긴장감이 생기면서 흥분되고, 평소보다 말이 더 잘 나온다. 사람이 많으면 신이 나서 연설이 더 잘된다. 확실히 무대 체질이 맞다.

내 친정 식구들이 대체로 그렇다. 많이 배우거나 책을 많이 읽은 것은 아니지만, 말이 찰지고 설득력이 있고 유머러스하다.

그래서 친정 가족 모임은 늘 시끌벅적하고 웃음이 그치지 않는 편이다.

말은 그 지역 사람들의 정서와 정신을 반영하는 중요한 요소다. 그러므로 그 지역 입말인 사투리는 존중되어야 한다. "벚꽃이 한창이다"와 "벚꽃이 천지 삐까리다"는 그 말맛이 다르다.

2019년 임시정부 수립 100주년, 그해 5월 나는 부산시 의회에서 사투리로 5분 발언을 했다. 5분 발언을 시작하기 전 "부산시 의회 역사상 우리 입말인 부산 사투리로 된 속기록 하나 남기는 것도 의미 있는 일이므로, 분명한 의도를 갖고 발언하는 것이니, 좀 불편하겠지만 우리 입말을 최대한 살려 속기해줄 것"을 속기사에게 요청했다.

이렇듯 부산 사투리에 남다른 애정이 있음에도 불구하고 내가 표준말을 쓰려고 노력하는 이유는 공적인 자리에서 보다 많은 사람들에게 내 의사를 명확히 전달하기 위해서다.

기회는 준비된 자에게 온다고 했던가?

2017년 3월 10일, 헌법재판소는 피청구인인 박근혜 대통령을 대통령직에서 파면시키기로 최종 판결하였다. 이로써 박근혜 대통령은 임기를 채우지 못한 채 파면되었고, 그로 인해 12월로 예정되었던 대통령 선거가 5월로 앞당겨졌다.

박근혜 대통령 탄핵 이후 치러진 선거다 보니 여당인 자유한국당에 대한 국민의 불신이 커져 있었다. 반대로 제1야당인 더불어민주당에 대한 지지도가 높았다.

물론 박근혜 대통령의 탄핵을 반대하는 보수층은 여전히 자유한국당을 지지하고 있었고, 새롭게 등장한 국민의당에서는 안철수라는 대항마가 나섰다. 그뿐만이 아니었다. 여당과 다른 모습을 보이겠다며 대통령 후보로 등록한 사람이 무려 열다섯 명이나 되었다. 그래서 제19대 대통령 선거는 '역대 최다 대통령 후보' 라는 기록을 세우기도 했다.

다양한 구호를 내걸고 대통령 후보들이 출마한 가운데, 더불어민주당에서는 문재인을 대통령을 최종 후보로 결정하였다. 문재인 후보는 18대 대선에도 출마했고 더불어민주당 당대표를 지냈으며, 노무현 정부에서 청와대 비서실장을 지낸 경력이 있다. 오래전부터 뜻을 같이해 왔기에, 내가 더불어민주당 문재인 후보 캠프에서 일하게 된 것은 어찌 보면 당연한 일이었다.

2002년 노무현 대통령 지지 연설원을 시작으로 나는 우리 지역에서 선거만 있으면 선거 유세를 맡았다.

2004년 탄핵 정국에서 노무현을 지키기 위해 이철 국회의원 선거 때 다시 마이크를 잡았고, 2006년 지방선거에서는 전재수 국회의원과 지방선거를 치렀다. 전재수 의원도 떨어지고 나도 떨어졌지만 우리는 포기하지 않았다. 전재수 국회의원이 청와대 부속실장으로 있을 당시 나는 북 강서갑 지역위원장으로 자리를 지켰다.

당원들의 조문도 밤이고 낮이고 다녔다. 덜 익은 보리알 같이 흩어진 당원들을 끌어안고 우리는 한 걸음 한 걸음 앞으로 나아갔다.

2006년 지방선거에서 낙선했지만, 나는 2010년 비례대표로 부산시 북구의회에 입성했다. 북구 의회 의정활동으로 장애인 정책 최우수 의원상을 받았고, 북구 의회 역사상 유일하게 4년 개근도 했다.

2012년 총선에서 당시 사상구 국회의원 후보였던 문재인을 만났다. 구포 장날에 전재수 국회의원 후보의 지지 유세를 하기 위해서였다. 나는 유세차에 올라 청중을 향해 외쳤다.

"우리의 자랑스러운 후보 문재인, 전재수에게 여러분의 뜨거운 함성과 박수를 보내주십시오."

전재수 국회의원과 함께

나는 노무현 대통령의 연설원이었고, 문재인 대통령의 연설원이었다. 2017년 당시 선거 유세는 잊지 못할 추억으로 고스란히 남았다. 서울에서 남영희인천 미추홀구 국회의원 출마, 지역위원장 부대변인, 현 동래구 의회 주순희 의장과 나, 이렇게 셋이서 5톤짜리 유세차를 끌고 부산 전역을 누볐다.

'미녀 삼총사 유세단', 우리는 스스로를 이렇게 불렀다. 그리고 이렇게 불러 달라고 우기고 강요했다. 사람들은 '왜 그런 유언비어를 퍼뜨리느냐', '거기에 미녀가 어디 있느냐', '누가 미녀냐'라며 따지고 들었지만, 우리는 분명 미녀 삼총사 유세단이었다.

거기에 우리가 가는 곳마다 그림자처럼 따라다니던 소나타 승용차 한 대가 있었다. 귀신 잡는 해병대 출신 박남태가 앞서거니 뒤

서거니 하며 우리 곁을 지켰다. 유세 도중 유세차에서 잠시 내려와 남편 차에서 쉬기도 했고, 도로가 꽉 막혀 유세 시간에 쫓길 때는 유세차 대신 남편 차에 올라탔다. 그러면 그 차는 좁은 뒷골목을 용케 찾아 연설원들을 무사히 현장까지 데려다주었다. 눈에 띄지 않는 곳에서 기꺼이 운전기사 노릇을 해 준 내 남편 박남태, 지금 생각해도 참 고맙고 또 고맙다.

연사가 연설을 할 때 가장 중요한 것은 그 후보에 대한 자기 신념이다. 자기 말에 확신이 없는 연사는 다른 사람의 마음을 움직일 수 없다. 나는 문재인 후보의 당선을 확신하고 있었기에 지지 연설을 할 때 불안하거나 두려움이 없었다. 문재인 후보는 이미 준비된 대통령이라는 확신이 들었다.

＊
부창부수, 부부 연설원

유세 현장은 어딜 가나 호응과 응원으로 들썩인다. 흥겨운 로고송이 현장의 분위기를 돋우고 선거운동원들이 율동을 한다. 간혹 연예인이라도 동원되면, 연예인 얼굴 한 번 보기 위해 갑작스런 인파가 몰려든다.

모든 유세 현장이 다 그러하겠지만, 5톤 트럭 대형 유세차는 서면로터리나 덕천로터리 등 아주 큰 대로변에 자리를 잡는다. 스피커 출력도 대단해서 가까이 가면 귀가 먹먹하다. 이 대형 유세차가 가는 자리에는 열정적인 응원과 지지가 이어졌다.

지지 연설을 할 때, 유권자들의 마음이 내 마음 같으려니 생각했다. 진심은 언제 어디서든 통하는 법이다. 내가 진심으로 "기호 1번 문재인"을 외치면, 청중도 진심으로 다가와 "기호 1번 문재인"을 외쳤다.

부산 서면에서 문재인 후보의 유세가 있는 날이었다. 이런 대형 유세가 있는 날이면 서울에서 국회의원이 내려오고 전문 사회자가 마이크를 잡는다. 그런 영광스런 자리에 내 남편 박남태가 시민 대표로 나서서 마이크를 잡았다.

남편은 밤새 연설문을 외우고 또 외웠다. 그러나 단상에 올라서는 순간 그 말들은 하얀 종이 위에 까만 글자로 남았다. 보는 사람 마음이 더 조마조마한 가운데, '해병대 정신으로, 안 되면 되게 하라'며 '문재인을 생각하면 못할 게 없다'는 자기의 경험담을 진솔하게 전하고 단상에서 내려왔다.

말주변으로 따지자면 눌변에 가까웠으나 남편의 호소력은 나보다 나왔다.

2017년 5월 9일 대통령 선거에서 문재인 후보가 전체 득표율 41.08%를 차지하며 대통령에 당선되었다. 2위와의 표 차이가 557만 표로, 17% 이상 차이가 났다.

이렇게 내가 지지연설을 한, 두 명의 대통령 후보가 모두 당선이 되었다. '두 명의 대통령을 당선시킨 연설원' 이란 타이틀이 스스로 자랑스럽고 영광스럽다. 나의 작은 노력으로 유권자의 마음을 움직여 한 표라도 얻었다면 그것으로 만족했다.

노무현의 국민으로 사는 것, 문재인의 국민으로 사는 것, 이것은 어쩌면 이 시대를 사는 우리의 행운이 아닐까 싶다. 최소한 나는 그렇게 생각한다. 노무현의 지지 연설원으로서 문재인의 지지 연설원으로서.

선거 다음 날인 5월 10일 정오에 대통령 취임식이 있었다. 여느 때 같으면 대통령 인수위원회가 꾸려지고 각종 절차를 거친 뒤 취임식을 했겠지만, 보궐로 당선된 대통령은 그날로 바로 대통령직을 수행하게 된다. 인수위원회도 없다. 그래서 문재인 대통령은 전날 개표 마감 결과에서 당선인 발표가 남과 동시에 대통령이 되었다. 그리고 곧바로 청와대에 입성했다.

문재인 대통령 부부가 청와대에 입성하고 얼마 지나지 않아 영부인 김정숙 여사로부터 초청장이 왔다. 선거 과정에서 진심을 다해 활동했던 여성들이 초청 대상이었는데, 나도 그중 1인이었다. 부산시에서 제일 먼저 청와대의 초청을 받은 그룹이었다는 것이 내심 기뻤다.

그날 청와대 오찬에서는 심각한 얘기보다는 선거 당시의 가벼운 에피소드가 이어졌다. 밥을 먹고, 기념 촬영도 하고, 청와대 이곳저곳 구경도 했다. 친구나 친척의 집들이에 간 기분이었다. 당선의 기쁨을 나누는 여유 있고 즐거운 자리였다.

문재인 대통령 당선 공로로 당대표 1급 포상을 받은 것도 영광이었다. 노무현 대통령 당선 공로 포상에 이어 두 번째였다.

대통령 후보 부인들은 대개 후보자 뒤에 서서 손을 흔들거나 밥 퍼주는 봉사 활동을 하는 것으로 뉴스에 등장했다. 그러나 김정숙 여사는 선거 전면에 나서서 적극적으로 유세를 도왔다.

수행원 한 명만 대동한 채 동네 목욕탕, 경로당, 시장 등을 두루 돌아다니면서 남편의 지지를 호소하고, 서민들과 어울려 소탈한

행보를 보였다. 그 덕에 30~40대 층에서 인기가 높았고, 60대 사이에서도 호감을 얻었다. 자신감 넘치고 당당한 '유쾌한 정숙씨' 의 모습에 다들 박수를 보냈다.

제2장

정치인 이순영의 삶

1

인연의 굴레

내 아버지는 외동이었다. 할머니께서는 위로 딸만 내리 여섯을 낳으셨고, 마흔두 살 즈음에 달거리가 없자 '이제 늙어서 없나' 했단다. 그런데 그 늦은 나이에 우리 아버지를 낳으신 것이다.

딸만 내리 낳았으니 그 설움은 말하지 않아도 짐작이 간다. 딸 여섯에 막내로 아들을 얻었으니, 집안에서는 물론 누나들이 막냇동생을 금이야 옥이야 키웠을 것이다.

엄마의 결혼 이야기를 듣자면 믿기지 않는 부분이 꽤 많다. 엄마는 일제강점기 당시 일본에서 살았다. 해방이 되기 전 아버지나에게는 외할아버지를 찾아 만주로 가다가 부산에 머무르게 되었다고 했다. 일본에서부터 아버지를 찾아 만주로 향했던 것으로 미루어

짐작하건대, 내 외할아버지는 독립운동을 하셨던 게 아닐까 싶어 팬스레 가슴이 뛴다.

1950년 6·25가 터지는 바람에 엄마는 부산에서 만주로 가지 못했다. 어느 날 밤, 친절한 아주머니를 따라 부산 아미동에 머물렀는데, 그것이 우리 엄마의 운명을 바꾼 계기가 되었다.

그 친절한 아주머니는 자손이 귀한 집안에 시집 와 느지막이 아들을 낳았지만, 그 막냇동생은 결혼 후 한참이 지나도 아이가 생기지 않았다고 한다. 점집을 전전하며 찾아낸 비법은, '작은 부인을 얻어야 본처가 회임을 한다'는 것이었다. 비록 구중궁궐에서 왕자를 생산하는 것은 아니었지만, 조선시대가 붕괴된 지 100년이 안 되던 그 즈음만 해도 암묵적으로 처첩 제도가 용인되고 있었다. 그 용한 점쟁이의 점괘는 기가 막히게 딱 맞아떨어졌다.

부산 아미동 골짜기 판잣집 방안에서 엄마의 결혼식이 거행되었다. 행여 불빛이 밖으로 새어나갈까봐 문에는 쑥색 군용 담요를 쳤다고 훗날 엄마는 회상했다.

별명이 '이쁜이'였던 김석분 여사는 그렇게 꽃다운 나이에 방안에서 물 한 잔을 떠 놓고 아버지와 결혼식을 올렸다.

"신부, 출. 신부, 신랑을 향해 재배!"

홀기를 불러줘야 했던 주례는 당연히 없었고, 남루한 치마저고리를 입은 채 허술하게 올린 결혼식이었다. 그렇게 아리따운 처자를 막냇동생의 둘째 부인으로 거짓 결혼을 올리게 했던 그 아주머니는 우리 여섯 명의 고모 중 한 분이셨다.

노래도 잘 부르고, 매부리코에, 성품이 곧은 아버지를 보고 첫눈에 반했던 걸까. 아니면 오도 가도 못한 처지에 하는 수 없이 선택한 엄마의 운명이었을까.

"내 아들이 결혼을 했는데 현재 아이가 없다. 그런데 점집에 가서 물어보니 작은 부인을 얻어야 본처가 애기를 가진다고 해서 너를 재물로 삼는다"는 말을 할머니도, 고모도 했을 리 만무하다.

신혼의 단꿈이 채 끝나기도 전에 내 엄마 김석분 여사는 자신이 사기 결혼을 당했다는 것을 알았다. 그래서 내 아버지는 외동아들이었음에도 불구하고, 아버지의 본처는 큰엄마가 되었고 내 엄마는 작은엄마가 되었다.

문제는 그 다음이었다. 그 점쟁이 말대로 엄마와 아버지가 결혼하자마자 큰엄마한테 태기가 있었다. 그리고 엄마한테도 태기가 있었다. 세 분 모두 참 기구한 인생이었다.

내게는 배다른 큰언니가 있다. 물론 아버지의 본처인 큰엄마가 낳은 언니다. 큰언니가 태어난 후 해를 넘긴 몇 달 뒤, 나의 친오빠가 태어났다. 자손이 귀한 집에서 본처가 딸을 낳고 작은 부인이 아들을 낳았으니, 비록 작은 부인의 몸에서 태어나긴 했지만 오빠는 집안의 대를 이을 장손이었다. 할머니나 고모들의 사랑을 독차지했음은 당연했다.

아들 덕에 엄마도 시어머니와 시누이의 사랑을 한몸에 받았다. 그러나 오빠의 탄생이 모두의 축복은 아니었다. 딸을 낳은 큰엄마로서는 반가울 리 없었다. 큰언니와 오빠의 나이는 한 살 차이지만 실제로는 몇 개월 밖에 차이가 나지 않는다. 참 얄궂은 운명이었다.

당시 엄마는 아버지의 고향인 창녕에서 큰엄마의 존재를 뒤늦게 알았고, 또한 큰엄마가 회임을 했다는 사실도 알았으며, 자신에게 유독 친절했던 그 아주머니가 자신의 시누이었다는 것도 알았다. 그래서 '그 고모가 유독 밉다'는 엄마의 말씀이 지금도 기억난다.

집안 어른들의 사랑을 받았던 순둥순둥한 엄마의 성품에 비해 큰엄마는 까칠한 편이었다. 그 까칠한 본처의 눈을 피해 시골로 오르내리면서 아버지와 엄마는 딸 셋 아들 셋, 이렇게 육남매를 낳았다. 그중 나는 셋째 딸이다. 내 생년이 1958년, 전쟁이 끝난 후였으니 사람들의 삶도 나라의 장래도 암울했던 시기에 나는 태어났다.

목수였던 아버지는 본처와 부산에서 살고, 작은 부인은 시골에

숨겨놓았다. 아버지 없는 우리의 생활은 이루 말할 수 없이 가난했다. 그 당시 가난하지 않은 집이 어디 있으랴 싶지만, 농사 지을 땅한 뙤기, 의지할 가장도 없는 시골살이는 상상하지 못할 정도로 어려웠을 것이다.

내 여동생과 나는 한 살 터울 연년생이다. 오빠는 남자라고 부산에 있는 큰엄마 밑에서 자랐고 내 바로 위의 언니와 나 그리고 동생은 창녕에 있는 엄마 손에서 자랐다. 나와 여섯 살 차이가 나는 친언니는 엄마를 도와 동생을 돌보느라고 제때 학교에도 다닐 수가 없었다.

엄마는 남의 집 품팔이를 해서 근근이 자식들을 먹여 살렸다. 미루어 짐작컨대, 언니는 우리에게 엄마 같은 존재였을 것이다. 친구들이 학교에 갈 때 언니는 등에 동생을 업고 면발치에서 친구들이 학교 가는 모습을 지켜볼 수밖에 없었다. 그 모습이 어찌나 부럽던지 볼 때마다 눈물을 훔쳤다고 했다. 동생들이 학교에 입학할 즈음에는 엄마 대신 동생들을 학교에 데리고 다녀야 했기에 그제야 언니도 초등학교에 입학할 수 있었다.

언니는 내 생명의 은인

엄마는 머리가 미어지도록 물건을 이고 지고 집집마다 다니며 물건을 파는 박물장수를 했다. 내가 초등학교 입학할 즈음엔 포장이 안 된 신작로에서 풀빵장사도 하고 바가지 과자를 뜨거운 모래에 튀겨 팔기도 했다. 카락카락 소리가 나는 손톱만 한 크기의 밀가루 과자를 까만 모래에 넣고 저어주면 기름도 없는 모래 속에서 손바닥만 한 크기로 변해서 나왔다. 요즘은 기계에서 동그랗게 만들어내는 뻥튀기의 원조 격이었다.

입학을 늦게 했던 언니는 또래 아이들보다 철이 들었고 고생하는 엄마를 대신해 동생을 키우다 보니 엄마를 많이 도왔다. 엄마가 장사를 마치고 돌아올 동안 동생들 돌보기는 모두 언니의 책임이었다.

어릴 적 내가 살던 곳은 낙동강 인근이었다. 강물이 범람하지 않도록 긴 둑이 쌓여 있었지만, 장마철만 되면 둑이 터져 동네를 덮쳤다. 그때마다 아버지도 없이, 엄마는 우리 형제들을 수레에 태우고 홍수를 피해 피난을 갔다. 남들은 수레 앞에 소를 묶어 수월하게 이동하는데, 소가 끌던 그 달구지를 소 대신 엄마가 앞에서 끌어야만 했다.

　내 나이 7살 때쯤이었다. 낙동강이 가까이 있다 보니 낙동강 주변은 자연스럽게 아이들의 놀이터가 되었다. 반짝이는 금빛 모래는 그야말로 "엄마야 누나야 강변 살자"는 노래의 가사 같았다. 어린 우리는 언니를 따라 강으로 가서 멱을 감았다. 가끔 언니 오빠들은 헤엄을 쳐서 강 건너 아이들과 맞장을 뜨고 오기도 했다.

　그때였다.

　"영순아! 너거 동생 떠내려간다!"

　강물 중간까지 들어가서 놀던 언니가 친구의 비명소리를 듣고 강가로 헤엄쳐 나왔다. 막상 나와 보니 시퍼런 강물이 동생의 머리카락을 휘휘 감으며 삼켰다. 50미터 정도 앞에는 강물이 급하게 떨어지는 폭포가 있었다. 언니는 정신을 바짝 차렸다. 강물이 동생을 감고 휘돌아가던 중 비교적 얕은 부분에 다다랐다.

　물속에 자맥질을 할 때 우리들만 쓰던 구호가 있다. '하나, 둘, 셋!' 같은 준비 구호 비슷한 것이었다. 폭포가 코앞으로 다가오면서 물살이 점점 더 빨라졌다.

　"푸당당! 푸당당! 물 밑에 푸당당!"

　언니는 그렇게 구호를 외치고 힘차게 물밑으로 뛰어들 참이었다. 그러나 언니는 선뜻 물속으로 뛰어들지 못했다. 일촉즉발의 위기였다.

더 지체할 시간이 없었다. 조금만 더 늦어지면 나도 언니도 강물이 떨어지는 폭포 밑으로 곤두박질치는 순간이었다. 언니는 코를 잡고 다시 한 번 주문을 힘차게 외웠다.

"푸당당! 푸당당! 물 밑에 푸당당!"

언니는 자신에게 보내는 주문을 힘차게 외치고는 물속으로 뛰어들었다. 언니 기억으로는 내 정수리를 뚫어지게 쳐다봤고, 그 정수리 머리카락을 손가락으로 훼훼 감아올릴 계획을 했다고 한다. 그리고 한 치의 오차도 없이, 언니는 강물에 떠내려가는 동생을 건져올려 강가에 눕혔다. 언니는 내 생명의 은인이었다.

그날 밤, 언니는 장사를 마치고 돌아온 엄마에게 죽도록 맞았다. 왜 동생을 위험한 물가에 데리고 갔느냐는 것이었다. 엄마는 호롱불이 켜진 방문 고리를 안으로 걸어잠그고 입에 담지 못할 온갖 욕을 하며 언니를 때렸다. 나는 물에 빠진 기억은 나지 않는데 언니가 나 때문에 엄마한테 죽도록 맞았던 그날 밤 일은 생생하게 기억한다. 어린 마음에도 참 미안했던 모양이다.

지금 생각해 보면, 엄마가 왜 언니를 그렇게 미워하며 때리고 독하게 욕을 해댔는지 적잖이 이해가 간다. 여자 혼자 몸으로 육남매를 키우기란 쉽지 않았을 것이다. 그러다 보니 아버지를 빼다 박은 언니에게 남편에 대한 원망을 쏟아냈을지도 모른다. 언니는 영문도 모른 채 엄마의 악받이 노릇을 해야 했다.

*

쥐 먹을 것을 훔친 아이

1960~1970년대에는 매월 쥐 잡는 날이 있었다. 곡식을 축내고 전염병을 옮기는 주범인 쥐를 일제히 소탕하기 위한 방법으로, 학교에서는 쥐를 잡은 뒤꼬리를 잘라서 가져오라고도 했다. 쥐잡기에 실패한 아이들은 선생님께 혼나지 않기 위해, 간식과 쥐꼬리를 맞바꾸는 거래를 할 수밖에 없었다. 이 외에도 학교에서는 추수가 끝난 빈 들에 나가 합동으로 벼이삭 줍기를 했고, 일손 돕기를 하라며 단축 수업을 해주기도 했다. 지금 같으면 상상도 못할 어려운 시절이었다.

집으로 돌아오는 길은 비포장 길이었다. 그래서 비가 오는 날이면 진흙탕으로 바뀌었고, 맑은 날에는 뽀얀 먼지가 수십 미터까지 바람에 날렸다.

1967년 12월에 현대자동차가 설립되었고, 이듬해 2월에 유럽 포드와 기술, 조립, 판매 관련 계약을 체결했다. '코티나'는 그해 11

월부터 생산된 차종으로, 현대자동차의 처녀작이자 국내에서 생산된 최초의 자동차다.

이런 택시가 신작로를 지나가면 우리는 미어캣처럼 길가에 늘어서서 멀리서부터 오는 택시를 영접했다. 코티나 택시가 일으킨 뽀얀 먼지를 약처럼 마시면서도, 택시가 사라질 때까지 멍하니 쳐다보았다.

"아얏!"

먼지가 가라앉을 무렵, 넋 놓고 있던 내가 발목을 부여잡고 나뒹굴었다. 지나가던 코티나 택시에 자갈이 튀어 나의 복숭아뼈를 때렸던 것이다.

"순영아, 와 그러노? 뭔데?"

우르르 몰려든 동네 아이들은 눈물 콧물 쏙 빼고 있는 나를 보면서 방금 지나간 코티나 택시에 눈을 흘겼다. 그리고 팔뚝을 걷어낸 뒤 택시를 향해 주먹감자를 먹였다.

"에잇, 엿 먹어라!"

어찌 그뿐이랴. 어른들에게 배운 거친 욕들이 애들 입에서 찰지게 나오던 순간이었다.

퉁퉁 부은 발목을 끌고 집에 도착해보니 아버지가 와 있었다.

"아부지, 아까 코티나 타고 왔어예?"

어린 마음에도 짚히는 게 있었는지 말투에 쌍심지가 돋혔다.

"응, 와?"

아이들이 우르르 몰려 서 있으면, 그중 내 새끼가 있으려나 싶어 기웃거리는 것이 부모 마음 아니었던가! 그러나 당신이 탄 코티나 택시에서 돌이 튀는 바람에 당신 딸이 절뚝거리며 집에 왔다는 사실에 관심은 없었다.

논도 밭도 없었으니 우리 집은 당연히 농사도 짓지 못했다. 농번기가 되면 엄마는 자식들 굶길까봐 하루도 쉬지 않고 남의 집 품팔이를 나갔다. 우리는 엄마가 흘린 끈끈한 땀 덕분에 근근이 먹고살 수 있었다.

지금은 콤바인이라는 농기구로 모를 심고 추수를 하지만 예전에는 일일이 사람 손으로 모든 것을 해냈다. 탈곡기에 곡식을 잘 털어내리면 낫으로 나락을 베어 논에 가지런히 눕힌 다음 가을볕에 말린다. 벼가 적당이 마르면 탈곡기에 털기 좋도록 짚단을 뭉쳤다.

엄마는 손이 무척 빨랐다. 일철이 되면 엄마는 여기저기로 불려가는 당찬 일꾼이었다. 엄마는 일을 하고 우리는 그 뒤를 따르며 이삭을 주웠다.

언니의 손에는 끝이 뭉툭한 갈고리가 들려 있었다. 지금처럼 경지 정리를 하지 않았던 시절에는 논두렁도 꽤 높았는데, 그 논두렁

조차 그냥 놀리는 법이 없었다. 집집마다 논두렁에는 두렁콩을 심어 메주를 쑤었다.

언젠가 친구에게 어릴 적 이야기를 해주자, 친구가 경악하며 되물었다.

"치사하게 쥐 먹을 겨울 양식을 훔쳤다고?"

그랬다. 우리는 쥐가 먹을 것을 훔쳤다. 그러나 엄밀히 말하면, 쥐들이 먼저 사람들의 것을 훔쳐 쥐구멍에 숨겨놓은 것이고, 먹을 것이 없었던 우리가 그것을 찾아내어 다시 가져왔을 뿐이다. 논에 있는 곡식은 주인이 있었지만, 논두렁의 쥐구멍에 있는 곡식은 먼저 발견한 사람의 몫이었다. 다른 사람이 털어가지 않은 쥐구멍을 발견하면 그날은 로또에 당첨된 것과 같은 날이었다.

언니는 팔을 걷어붙인 뒤 갈퀴를 움켜쥔 손을 쥐구멍 속으로 팔꿈치까지 넣었다. 언니가 구멍 속에 팔을 넣었다 뺐다를 반복할 때마다 갈퀴 끄트머리에 나락이 수북이 걸려 나왔다. 쥐구멍은 생각보다 깊었다. 하지만 갈퀴에 나락만 걸려나오는 것은 아니었다. 축축한 흙덩이와 쥐털 뭉치, 쥐똥, 죽은 쥐새끼 같은 것도 같이 나왔다.

쥐구멍에서 훑어온 이삭은 손이 많이 갔다. 흐르는 물에 여러 번 씻어서 쥐털과 흙을 걸러내고 쭉정이도 흘려보내야 했다. 물에 넣으면 알찬 나락은 가라앉고 쭉정이는 둥둥 떠서 물에 씻겨 나갔다.

그렇게 얻은 귀한 곡식을 팔아 엄마는 자식들의 월사금(회비)을 마련했다. 호롱불 밑에서 만든 길쭉한 광목 자루에 도정한 하얀 쌀을 조금씩 조금씩 모았다가 한 자루가 꽉 차면 그것을 장에 들고 나가서 팔았다.

그러나 부엌 항아리 속에 잘 모셔두었던 그 자루는 아버지가 부산으로 가는 날이면 어김없이 사라졌다. 빼꼼빼꼼 문밖을 살피면서 눈치를 보던 아버지는 빨간 버스가 오면 재빨리 부엌으로 가서 자루를 움켜쥐고 버스에 올라탔다. 부산에 있는 큰엄마와 큰언니에게 갖다 주는 선물이었으리라. 아니면 작은 부인에게 다녀온 멀쭘함을 그 쌀자루로 빌었을지 모를 일이다.

젊은 날의 한 컷

2

이순영처럼, 이순영답게

우리는 엄마와 시골에서 살았고, 아버지는 본부인인 큰엄마와 부산 아미동에서 살다가 부산 교대 주변인 지금의 거제리 남문구에 터를 잡았다.

그때 우리집 앞에는 전차 정거장이 있었다. 연산동 로터리가 생기기 전에는 중앙동으로 가는 18번 버스와 19번 버스 정류장도 우리집 앞에 있었다. 뒤쪽으로 작은 시장이 있었고 우리는 지금의 남문구역 주변을 놀이터 삼아서 놀았다. 집 앞 들판에는 쓰레기 하치장이 있었는데, 우리는 부모님이 사줄 수 없는 진기한 물건들을 그 쓰레기장을 누비며 찾아냈다.

집 주변에 특히 미나리 밭이 많았다. 겨울이 되면 그 미나리 밭이 꽁꽁 얼어서 동네 아이들의 썰매장이 되었다. 쪼그리고 앉을 수 있는 썰매와 그것을 지치는 막대기가 한 세트인데, 썰매를 잘 만들려면 무엇보다 썰매 밑에 칼날 같은 쇠를 박아야 했다. 구리와 철을 비롯해 모든 광물이 귀하던 시절이었지만, 아이들은 스케이트 밑에 박을 칼날 만드는 방법은 기가 막히게 알고 있었다.

기찻길은 아이들이 자주 가던 또 하나의 놀이터였다. 그때까지만 해도 증기기관차였기 때문에 기차가 오는 것은 기적소리를 통해서 쉽게 알 수 있었다. 꽤에엑! 멀찍이 기적소리가 나면 아이 몇몇이 철길로 달려가 철로에 귀를 갖다댔다.

철컥철컥! 칙칙폭폭!

귀에 전달된 소리를 듣고 기차가 어디쯤 있는지 알아내는 것이 그 아이들의 어깨를 으쓱하게 했다.

"온다, 온다, 온다!"

그중 한 아이가 다급하게 외치면, 아이들은 엄마 몰래 갖고 나온 쇠젓가락을 철로 위에 가지런히 깔아둔 뒤 멀찌감치 떨어져서 귀를 틀어막았다.

아이들의 예측은 절대로 틀리지 않았다.

"썩 비키지 못할까!" 하고 호령 하듯 '꽥' 소리내며 기차가 철길을 지나가고 나면 아이들은 일제히 선로 위로 달려들었다. 방금 깔아둔 쇠젓가락이 납작하게 됐는지 확인하기 위해서였다.

역시나 기차가 지나간 자리 위에 쇠젓가락이 칼날처럼 납작해져 있었다. 그때 급한 마음에 젓가락을 집어들었다가는 화상을 입기 십상이다. 이미 시행착오를 겪어봤던 아이들은 젓가락을 빙 둘러싼 뒤 쪼그리고 앉아서 식을 때까지 뚫어지게 젓가락만 바라봤다.

그날, 납작해진 쇠젓가락은 내 썰매의 밑판으로 들어갔다. 지치는 막대기 밑에 못을 거꾸로 박아서 얼음을 잘 지칠 수 있도록 하고 나면 한 세트가 완성되었다.

✳

똥밭에 스스로 빠진 천둥벌거숭이

나는 초등학교 3학년까지 시골에서 학교를 다니다가 4학년 때 부산으로 이사했다. 그때는 학교 규모에 비해 학생 수가 많다 보니 수업을 2부제로 했다.

오후반이라 늦게 학교를 가는 어떤 날이었다. 당시는 지금처럼 수세식 화장실이 아니라 거의 모든 집이 푸세식(수거식) 화장실을 사용했다. 그러다가 일정 기간이 지나면 똥을 바가지로 퍼내서 지게에 맨 뒤 동네 한갓진 장소에 구덩이를 파고 쏟아 모았다. 일명 똥밭이었다.

그 똥밭에 똥이 어느 정도 마르고 나면 갈색으로 변하면 그 똥 위에 흙을 뿌렸다. 그 흙 위에 개똥참외가 열리기도 했고, 작은 새

한 마리가 사뿐사뿐 걸으며 먹이를 찾기도 했다.

나는 며칠 전 교회에서 들은 이야기를 떠올리며 기가 막힌 생각을 해냈다.

눈대중으로 가늠해보니 똥밭에 한 발을 디딘 뒤, 그 발이 빠지기 전에 얼른 다른 한 발을 내딛고, 다시 다음 발을 내딛어서 빨리 뛰면 똥밭 건너편까지 갈 수 있을 것 같았다. 새들도 사뿐사뿐 그렇게 하고 있었으니까.

내 손을 잡고 말리는 동생의 손을 뿌리치고 나는 똥밭 가장자리로 걸음을 옮겼다.

역시 가장자리는 꾸덕꾸덕 굳어 있었다. 한 걸음, 두 걸음⋯⋯. '이제 됐다. 빨리 뛰자 이쪽 발이 빠지기 전에!' 하는 순간 바닥이 푹 꺼지면서 똥통으로 내 다리가 허벅지까지 빨려 들어갔다.

놀란 동생이 똥통 가장자리에서 내 손을 잡고 끌어준 덕분에 간신히 밖으로 나오기는 했지만, 다리에서 누런 똥이 줄줄 흘러내렸다.

급한 김에 가까운 방직공장에서 흘러나오는 빨강색 염색물로 다리를 씻고 학교에 갔다.

비누칠도 안 하고 대충 똥물만 씻어낸 뒤 갔으니 어마어마한 악취에 그날 우리 반 수업은 어땠을까? 지금 생각하면 우습기도 하고 아찔하기도 한 사건이다.

똥통에 빠지면 떡을 해먹어야 한다는데, 나는 엄마한테 혼날까 봐 그 말을 못해 떡도 못 얻어먹었다.

＊ 내 삶의 지팡이로 삼은 시詩

〈나이 서른에 우린〉이라는 민중노래가 있다. 서른이 훌쩍 넘어서 알게 된 이 노래에 나는 개사를 해서 부르곤 한다.

나이 서른에 우린 어디에 있을까
어느 곳에 어떤 얼굴로 서 있을까
나이 서른에 우린 무엇을 사랑하게 될까
젊은 날의 높은 꿈이 부끄럽진 않을까

-〈나이 서른에 우린〉 중에서

이 노래에서 '나이 서른'을 '나이 예순', '나이 칠순'으로 바꿔 부르면 서글픈 마음이 들기도 하고 한편으로는 초연한 마음도 생긴다.

나이 예순에 우린 어디에 있을까

어느 곳에 어떤 얼굴로 서 있을까
나이 칠순에 우린 무엇을 사랑하게 될까
젊은 날의 높은 꿈이 부끄럽지 않을까
우리들의 만남과 우리들의 숨결이

나이 팔순에 어떤 뜻을 지닐까, 나이 구순에는 하얀 나리꽃 향기를 기억할 수 있을까⋯⋯. 이쯤 되면 콧등이 시큰해진다.

나는 시 낭송을 참 좋아한다. 연극하듯 목소리를 꾸미거나 웅변처럼 거창하게 소리치는 것이 아니라, 처연하게 쏟아내는 시 낭송을 좋아한다.

특히 내가 좋아하는 시는 이현주 목사님이 쓴〈한 송이 이름 없는 들꽃으로〉다. 이 시는 내가 정치 활동을 하는 데 많은 영향을 준다. 그래서 사석이든 공석이든 가끔 낭송을 하는데, 이 시를 다른 사람이 낭송하는 건 아직 들어보지 못했다. 우연히 알게 된 이 시가 내 마음에 자리를 잡으면서, 내가 세상을 살아가는 지팡이가 되어 주었다.

한 송이 이름 없는 들꽃으로

이현주

한 송이 이름 없는 들꽃으로
피었다가 지리라
바람으로 피었다가 바람으로 지리라
누가 일부러 다가와
허리 굽혀 향기를 맡아준다면 고맙고
황혼의 어두운 산그늘만이
찾아오는 유일한 손님이어도 또한 고맙다
홀로 있으면 향기는 더욱 맵고
외로움으로 꽃잎은 더욱 곱다

하늘 아래 있어 새벽 이슬 받고
땅의 심장에 뿌리박아 숨을 쉬니
다시 더 무엇을 기다리랴
있는 것 가지고 남김없이 꽃 피우고
불어가는 바람 편에 말을 전하리라
빈들에 꽃이 피는 것은

보아주는 이 없어도 넉넉하게 피는 것은
한 평생 홀로 견딘 그 아픔의 비밀로
미련 없는 까만 씨앗 하나 남기려 함이라고

한 송이 이름 없는 들꽃으로
피었다가 지리라
끝내 이름 없는 들꽃으로 지리라

이 시는 내 정치 인생에서의 좌우명이 되었다. 정치인이라면 최소한 나 개인의 이익보다 공공의 이익에 목소리를 낼 줄 알아야 한다. 돈이 탐 나거나 돈을 벌려고 하는 사람은 정치를 하면 안 된다고 생각한다. 그런 사람은 사업을 해야 한다. 정치는 혼자만 잘사는 것이 아니라 우리 모두가 잘사는 일에 동참하는 일이다.

✳ 글쓰기가 무서운 작가

나는 책을 잘 읽지 못하는 것 같다. 행간의 의미를 파악하는 데 있어 눈으로 휘뚜루마뚜루 읽어내지 못하는 편이다. 다시 말해 정독, 숙독은 하는데 다독은 못 한다. 그래서 책을 한 권 잡으면 자를 들고 줄을 그어 가면 곱씹어 읽는 편이다. 그러다 보니 내가 읽을 책도 숙제처럼 쌓여 있는데, 만나는 사람마다 '내가 읽어보니 참 좋더라' 며 책을 선물로 주는 바람에 계속 쌓이고 있다.

하지만 나는 책 선물이 달갑지 않다. 쌓여 있는 책을 읽을 다 읽어야 한다는 부담감이 더 싫은 것이다. 다른 사람이 보면 이런 나의 책 읽기 습관이 마치 굉장한 독서광처럼 보일 수도 있다. 그러나

대구 김광석 거리에서

그것은 천만의 말씀, 만만의 콩떡이다.

나는 부산아동문학인협회에 소속된 동화작가이자 한국예술인협회에 등록된 예술인이기도 하다. 2005년에 해양문학상을 받았고, 2009년에는 제1회 천강문학상에서 아동문학 부문 〈꽃시계〉 대상을 수상했다.

정치하는 사람이 동화를 쓴다고 내 친구는 굉장히 자랑스러워하지만, 그렇게 자랑스러워할 만큼 동화를 잘 쓰는 편은 아니다. 하지만 동화는 내가 정치 활동을 하면서 잠시 쉴 수 있는 원두막이 되어 준다. 다른 정치인들이 절대로 따라올 수 없는 나만의 세계인 동화 나라, 나만의 비밀스런 분첩 하나를 꺼내보듯이 볼 수 있는 것이 나의 동화 세상이다.

내게 동화는 어릴 적 호기심을 해소하지 못한 나의 내면을 들여다보는 거울이기도 하다. 동화는 물활론物活論적 사고를 한다. 나무가 말을 하고 책상이 걸어다닌다. 구름이 눈물을 흘리고 물이 글로 나타난다. 동화는 상상의 나래를 맘껏 펼치게 한다는 점에서 호기심 천국인 나의 정서를 대변해 주는 도구이다. 나는 이 도구를 이용해 내가 하고 싶은 이야기를 쓴다.

《대통령의 글쓰기》로 유명한 강원국 작가는 말했다.

"우리는 다른 사람들에게 말하려고 읽고 듣는다."

그런데 입력만 하고 출력은 안 한다는 것이다. 그런 관점에서 봤을 때 글쓰기는 출력이다. 글쓰기가 참 어렵다고 한다. 맞다. 글을 잘 못 쓰는 나로서도 글쓰기는 참 어렵고 고된 작업임에 틀림없다. 그러나 글을 못 쓴다고 두려워하지 말아야 한다. 나는 아이들을 대상으로 한 논술학원을 수년간 운영해왔다. 그때 나는 아이들에게 이렇게 가르쳤다.

"글쓰기는 똥 누기다."

그렇다. 내가 생각하는 글쓰기는 똥 누기와 같다. 글을 쓰는 것에는 배설의 기쁨이 있다. 슬프거나 기쁠 때 글을 쓰면 슬픈 감정을 객관화할 수 있고 기쁠 때 글을 쓰면 그 기쁨의 순간을 글 속에 묶어둘 수 있다.

반면 글을 쓴다는 것에는 무한한 책임이 따른다. 일기와 에세이가 다른 이유가 여기에 있다. 일기는 자신이 보지만 글을 쓴다는 것은 누군가에게 보이겠다는 무언의 건드림이다. 좋은 글을 쓰려면 먼저 좋은 마음을 갖고 좋은 행동을 해야 한다. 좋은 삶이란 다른 사람의 삶에 좋은 영향을 주는 삶이다.

그래서 펜이 총칼보다 무섭다고 했다. 맞다, 나는 글이 참 무섭다. 그래서 글이 쉽게 잘 써지지가 않는다.

※
해가 지면 슬퍼지는 이유

사람들은 노을을 참 좋아하는 듯하다. 나도 해질 무렵이 되면 괜스레 가슴이 쿵 내려앉는다. 이유는 알 수 없다. 그냥 좋은 건가? 해가 지면 뭔가 허전하고 가슴이 뜨악해지면서 슬픔이 밀려들 때가 많다. 많은 것이 아니라 거의 그렇다.

주변이 어두워지고 사람들이 하루의 일과를 마무리 할 즈음, 나의 생체리듬은 다시 긴장의 출발선 위에 선다. 야간 인생, 그 시간이 익숙하다.

집 가까운 곳에 인문계 여자고등학교가 있었다. 정말 미치도록 가고 싶었다. 그러나 나는 실업계 고등학교를 나왔다. 중학교 때 공부를 못해서였겠지만, 부식가게를 하는 엄마 옆에서 동생과 함께 파 까기, 마늘 까기, 고구마 줄기 까기 등을 하며 엄마를 도와야 했다. 공부와는 거리가 멀 수밖에 없었다.

그러다 보니 언감생심 대학은 꿈도 못 꿀 형편이었다. 대학도 못 가는데 인문계를 갈 이유가 없었다. 주산, 부기, 타자만 잘하면 은행이나 사무실 등에서 일할 수 있었고 취직도 잘 되었다. 주간 고등학교를 갈 형편도 못 되어 야간 고등학교에 입학했다.

하루는 밤 10시경 고단한 몸을 이끌고 집으로 가보니 집안 가재도구들이 문 입구부터 널브러져 있고 어머니의 머리에서는 피가 철철 흐르고 있었다.

"가시나가 중핵교만 졸업했으면 됐지, 뭔 고등핵교고? 당장 그만 둬!"

소주를 밥처럼 드셨던 아버지 앞에는 술병이 나뒹굴고 있었다. 내가 야간 고등학교에 다니는 게 큰엄마 눈에는 못마땅했고, 그 바가지를 못 이긴 아버지는 엄마를 향해 본처에게서 받은 분풀이를 해댔다.

아버지는 엄마를 향해 고무다라이고무대야를 집어던졌는데, 그 가장자리에 머리를 맞아 피가 줄줄 흘렀다. 부부싸움의 이유는 '가스나를 야간 고등학교는 왜 보내냐' 는 것이었다.

큰엄마에게 태어난 배다른 큰언니는 명문 여상을 나와 서울에 있는 대기업에 취직을 했다. 그러나 작은 부인의 몸에서 난 우리 언니는 초등학교 졸업식 다음 날 아버지의 손에 이끌려 공장에 취직을 했다. 그리고 몇 년이 흐른 뒤 셋째 딸이 고등학교에 들어가자 그것이 눈엣가시였던 것이다. 실업계 여상 야간이라고 해도 고등학교는 고등학교였으니 말이다.

머리에서 피가 줄줄 흐르자 엄마는 장독대로 가서 된장을 한 줌 집더니 5센티가량 찢어진 상처 위에 척 갖다 붙였다. 그러고는 하던 일을 계속했다.

나는 일을 잊을 수가 없다. 훗날 친정 엄마의 머리를 감겨드리다가 머리카락이 없는 상처 부위를 발견하고는 속으로 울고 또 울었다.

며칠 뒤 엄마가 학교에 찾아오셨다. 나는 먼발치에 서 있었고 담임선생님은 수업 중 잠시 나와서 엄마를 면담했다. 거리가 떨어져 있어 두 분의 이야기를 들을 수는 없었지만 무슨 내용인지 가늠이 되었다. 당시 야간 고등학교 등록금 8천 원, 공무원 초봉이 월 2만 원쯤 할 때였던 것 같다.

"어머니, 제가 급사 자리를 알아볼 테니 학교는 그만두지 마십시오."

낮에는 급사로 일하고 저녁에는 학교를 다닌다는 조건으로 나는 겨우 학교를 계속 다닐 수 있었다.

괄괄하고 명랑했던 내 성격은 사사건건 아버지의 심기를 건드렸고 아버지와 부딪혔다. 고등학교를 졸업하고 얼마 안 되어 아버지가 교통사고로 돌아가셨다. 갑자기 돌아가신 이유도 있지만, 나는 장례를 치르는 동안 눈물 한 방울도 흘리지 않았다. 아버지 가는 길에 내 눈물 한 방울도 주고 싶지 않았다. 그렇게 아버지에 대한 원망이 사무쳤다.

부산시청 구내식당에서 점심을 먹을 때가 많다. 그러면 나는 일부러 멀리 화지산이 보이는 창가에 자리를 잡는다. 내가 굳이 창가 자리를 찾는 이유를 다른 사람들은 알 리가 없다. 창가에 앉아 밥을 먹으면서 멀리 산 위를 보면 47년 전, 머리를 양 갈래로 묶고 다른 아이들이 집으로 돌아갈 시간에 학교로 향하는 한 여자아이의 모습이 보인다. 낮에는 급사로 일을 하고 밤에 학교에 가는 그 여자아이의 모습은 내 눈에만 보일 것이다. 그 여자아이가 47년 후, 그곳을 바라보며 점심을 먹고 있는 시의원이 된 것이다.

'저녁노을이 질 때 슬퍼지는 이유는 내가 야간 고등학교를 나왔기 때문일까?'

이런 생각도 해보았다. 아련한 추억을 더듬으며 부산시 시의원이 된 나는 힘겹게 학교로 가는 그 여자아이의 어깨를 가만히 도닥여준다. 내 엄마가 보고 싶으면 가만가만 불러 보는 노래와 함께.

꽃분네야 꽃분네야 너 어디를 울며 가니
우리 엄마 산소 옆에 젖 먹으러 나는 간다
한 번 가신 우리 엄마 어디 가서 못 오시나
우리 엄마 우리 엄마 언제 다시 오시려나

3

의리가 밥 먹여 주지는 않아도

'정치인'이라고 하면 사람들은 위세를 떨치며 잘 사는 사람이라고 여기는 경우가 많다. 예전에 정치인이 아닌 '정치꾼'들은 부정부패로 나랏돈을 도둑질해서 재산이 많았었나 보다. 그러나 요즘 대다수 시민은 정치에 관심이 많다.

"아이고, 나는 정치 그런 거에 관심 없다. 묵고 살기도 바쁜데 무슨 정치고?"

그러면서 투표장에 가지 않는다. 순 거짓말이다.

투표율이 말해준다. 각 선거마다 투표율은 50%대인 데 반해 개표방송 시청률은 70%대다. 내가 투표는 안 했을지라도 우리 동네에서 누가 당선됐는지는 궁금한 것이다.

촛불도 그렇다. 정치를 잘 못 하면 정치인이 아니라도 촛불을 든다. 그 촛불은 나를 위해, 우리 아이들을 위해 좀 더 정치를 잘할 사람에게 투표하는 것으로 의사를 명확히 밝힌다.

대의 민주주의인 우리나라에서 나 대신 지역 살림을 맡아 일해줄 일꾼, 나라 살림을 맡아 일해줄 국회의원, 그리고 대통령을 직접 뽑는다. 혹여 '나는 바빠서', '어느 놈이 해도 다 똑같아서' 투표를 하지 않고 정치에 관심이 없다는 사람이 있다면 그것은 누구의 잘못일까?

정치인도, 또 그 정치인을 선택해야 하는 국민도 잘못이다.

"쥐 먹을 건 없어도 도둑 갖고 갈 건 있다"는 말이 있다. 곳간을 지키지 않으면 없던 도둑도 든다는 말이다. 정치는 '나보다 못한 사람의 지배를 받지 않기 위해서 한다'고 생각한다. 국민이 지켜야 한다. 내 재산, 내 권리는 나 스스로 지켜야 한다.

우리는 숱한 정치인을 만나고 그 앞에서 머리를 조아린다. 지역의 일꾼을 뽑아놓고 그 일꾼 앞에 무릎을 꿇는 주인이 된다. 요즘의 정치는 돈과 거리가 멀다. 그래서 들어간 밑천 생각 말고 깨끗하게 정치 활동을 하라고 선거 비용도 일정하게 정해서 엄격하게 관리하고, 국가의 세금으로 선거 비용을 보전한다.

거리에서 촛불을 든 대부분의 시민은 어떤 보상을 바라고 거리로 나서는 게 아니다. 땡전 한 푼 생기지 않아도 얼음 꽁꽁 언 길거리로, 뜨거운 아스팔트 위로 나선다.

남편과 나도 그랬다. 우리 부부가 둘 다 자영업을 하면서 정치계에 발을 딛고 있었지만 그 정치 활동이 생활을 보장해주지는 않았다. 그러다 보니 다른 일거리로 정치 활동 비용을 충당해야만 했고, 이것저것 바쁘게 일하면서 근근이 삶을 꾸려가야 했다. 생활고는 이루 말할 수 없이 고달팠다.

IMF 이후, 신발 부품을 만들던 작은 공장은 결국 부도가 났다. 발행 금액은 얼마 되지 않았지만, 가계수표는 어음과 달리 지불하지 않으면 형사 입건이 되었다. 약 스무 장의 가계수표를 메꾸기 위해 안간힘을 썼지만 역부족이었다. 아이들 학비와 생활비 등, 변변한 수입은 없는데 눈만 뜨면 돈 들어갈 곳이 아귀 아가리처럼 입을 쩍 벌리고 있었다. 부모님께 효도는커녕 용돈도 드릴 수 없는 형편이었다.

운영하던 신발 부품 공장이 부도가 난 후, 우리 부부는 안 해본 일이 없다. 직원 수 100여 명이 넘던 중견 기업이다 보니 그만큼 여파도 컸다. 흔히 7전 8기라고 한다. 하지만 우리는 14전 15기도 안 됐다. 기는커녕 손대는 일마다 족족 실패의 연속이었다.

어느 날, 곰곰이 생각을 해보았다.

'도대체 뭐가 문제지? 우리는 왜 이렇게 단 한 번도 성공이라 걸 해보지 못하는 걸까?'

대부분 사업이란 크든 작든, 모든 것을 쏟아부어도 실패하는 경우가 많다. 100평 규모의 숯불갈빗집을 할 때도, 작은 육가공 공장을 할 때도 우리는 선거 때만 되면 거리로 뛰쳐나갔다. 마누라는 유세차 위에서 마이크를 들었고, 남편은 전화기를 붙들고 지인의 지인을 찾느라 목에서 피가 올라왔다. 상황이 이런데 장사가 잘된다면 그게 더 이상할 일이었다.

"이순영, 잘한다. 박남태 우째 그래 열심히 하노?"

그런 와중에도 우리를 지탱해주었던 것은, 우리를 바라봐 주는 주변 분들의 응원이었다. 그런 칭찬이 힘이 되어 더욱 열심히 했다.

부부도 그렇고 정치도 그렇고, 살다가 설령 헤어지는 일이 있더라도 그 사람이 어렵고 힘들 때는 버리는 것이 아니다. 버릴 때 버리더라도 최소한 나와 함께 살았던 사람, 아이들의 아버지, 나와 함께 했던 그 사람이 사업에 실패해서 허우적거리고, 선거에 낙선해서 세상에 혼자라고 느끼는 그때 두고 떠나서는 안 된다. 부부도 정치도 최소한의 의리는 있어야 한다.

우리 부부의 모습이 보는 관점에 따라 미련스럽고 바보 같았어도 비겁한 영혼과 타협하지 않았으며 가난했지만 올곧은 정신으로 자식을 키웠다. 내 자식들에게 부끄럽지 않은 인생을 살려고 노력했다.

경제적으로 부족한 부모 밑에서였지만 제대로 해준 것 없이, 우리 아이들은 올곧게 잘 컸다. 너무나 고마운 일이다. 남편이 미워도, 아내가 미워도 그것으로 이미 완벽한 성공이었다. 거기에 더해 우리 손으로 노무현을 대통령으로 만들었고 문재인의 백성으로 살아가는 세상도 만들어냈다.

"고마 패안타. 그거면 됐다" 싶다.

＊ 엇갈리어 지나가다 닿고 보니 바로 여기

김남조 님의 시 중, 〈빗물 같은 정을 주리라〉라는 시가 있다. 참 좋은 서정시다. 그러나 시구 중 한 줄은 내가 '정치'라는 것을 하게 된 계기를 설명할 때 차용해 와 쓰기도 한다.

빗물 같은 정을 주리라

김남조

너로 말하건 또한
나로 말하더라도
빈손 빈 가슴으로
왔다 가는 사람이지

기린 모양의 긴 모가지에
멋있게 빛을 걸고 서 있는 친구
가로등의 불빛으로
눈이 어리었을까

엇갈리어 지나가다
얼굴 반쯤 봐버린 사람아
요샌 참 너무 많이
네 생각이 난다

사락사락 사락 눈이

한 줌 뿌리면
솜털 같은 실비가
비단결 물보라로
적시는 첫 봄인데
너도 빗물 같은 정을
양손으로 받아주렴

비는
뿌린 후에 거두지 않음이니
나도 스스로운 사랑으로
주고 달라진 않으리라
아무것도

무상으로 주는
정의 자욱마다엔 무슨 꽃이 피는가
이름 없는 벗이여

평소에 이 시는 나의 애송시이기도 하다.
'엇갈리어 지나가다 얼굴 반쯤 봐버린 사람아…….'
내게 정치가 그렇다. 어쩌다 친구랑 수다 떨며 지나가다 어느 골목에서 피 터지게 두들겨맞는 여성을 발견했다. 친구는 남의 가정사에 끼어드는 것 아니라며 그냥 지나치려는데, 나는 "저 여자 저러다가 죽겠다. 신고라도 해 줘야지"라며 그들에게 다가갔다. 그러고는 남자를 향해 소리를 질렀다.

"왜 때려요? 그만둬, 안 그러면 경찰에 신고할 거야."

이것이 내 성격이다. 적당히 정의롭고 싶은데 쓸데 없이 많이 정의롭다. 어쩌다 정치가 눈에 들어왔을까? 피 터지게 맞고 있는 이 나라 정치를 그냥 두고 볼 수만은 없어서 발길 멈추고 약자의 편에 서는 일, 그것은 용기 없으면 불가능하다. 정의로운 일에 용기를 내는 일, 세상의 낮은 부분에 눈길을 주는 일, 구석진 뒷골목에서 비명을 지르며 살려 달라는데 그냥 지나칠 수 없어 들여다보는 일, 나는 그것이 정치라고 생각한다.

오래 전 사우나에서 만난 어느 여성은 '정치하는 인간들, 다 미친 짓'이라며 욕을 퍼부었다. 그런 말을 들어도 아직까지 우리나라 정치에는 나 같은 사람도 필요하다 싶었다.

정치를 완전 정면으로 본 것도 아니고 엇갈리어 지나가다, 반쯤 본 얼굴을, 그것도 보려고 본 것은 아니었지만 그만 봐버린 것처럼, 정치는 나의 운명이 되었다.

떠났지만 차마 보내지 못한 인연

TV에서 남편을 떠나보낸 지 32년 됐다는 여인이 남편 생각으로 눈시울을 붉혔다. 남편 없이 자식 셋을 키우느라 마디가 굵어진 손으로 눈물을 훔쳤다. 가슴속에 켜켜이 묻어둔 아픔의 세월이 여인의 가슴을 후비고 눈물이 되어 흘렀다.

긴긴 세월 동안 자식 하나 보며 살았고 자식을 의지하며 살았다 한다. 사별한 지 32년이 지나도 저렇게 눈물이 나도록 그리운 것이 부부인가 보다.

남편이 떠나고 세 번째 제사를 지냈다. 이제 겨우 3년. 떠났다는데 나는 아직 그를 보내지 못했다. 맘껏 울 장소가 없어서 목 놓아 울지도 못했다. 숙제다. 아득히 멀리 떠났다는데 그 말도 믿기지가 않는다.

살아 있는 우리의 표현은 모순덩어리다. 그도 그럴 것이, 떠난다면 어딘든 목적지가 있을 것이고, '아득히 멀리'는 거리를 이야기할 텐데, 그렇다면 어딘가를 향해 가고 있으며 분명히 끝닿는 데가 있어야 그 말이 맞다. 떠났는데 어디로 갔는지 알 수 없다면, '남편이 떠났다'는 말은 문법에 어긋나는 비문이다.

모래 파밭에서 대파 한 줄기 쑥 뽑아내듯, 남편이 떠난 뒤에도 세상은 아무렇지도 않게 돌아가고 있다. 한 사람이 살다간 흔적을 지우는 데 20장 넘는 사망진단서가 필요했다. 주민센터, 은행, 보험회사 등에서 요구하는 각종 행정 증빙서류에는 사망진단서가 꼭 들어가야 했다.

요즘처럼 모든 것이 인터넷으로 연결된 세상에, 나는 병원 원무과에서 남편의 사망진단서를 20장이나 발급했다. 처음엔 10장도 많다 싶었지만 주변의 권유로 20장을 뗐다. 이 많은 걸 어디에 다 쓸까 싶었다.

남편의 사망이 믿기지 않아 요금을 물어가면서도 남편의 전화 6325를 해지하지 못했다. 남편의 전화기로 내게 전화를 걸면 내 전화기엔 '울 여보' 라고 뜬다. 남편이 미워서 '우리 집 웬수' 하고 뜨는 것을 본 남편이 손수 바꿔 준 것이었다. 양손에 남편 전화기와 내 전화기를 들고 전화를 걸면 남편의 전화가 울리는 걸 보면서 한없이 울었다. 이 글을 쓰는 지금인들 어찌 눈물이 흐르지 않을까만.

푸르딩딩한 사망진단서를 볼 때마다 영안실에서 보았던 남편의 파리한 입술이 떠올랐다.

"당신 남편 박남태, 죽었어. 없다고. 이 세상에! 이것 봐, 사망진단서에 이렇게 딱 적혀 있잖아. 이게 그 확인증이야."

도무지 믿기지 않는 현실 앞에 망연자실한데 가는 곳마다 남편의 죽음을 확인해야 일이 해결되었다. 세상이 참 잔인하다는 생각이 들었다.

신라시대 승려인 월명사가 죽은 누이를 애도하며 〈제망매가祭亡妹歌〉라는 향가를 지었다.

삶과 죽음의 길은
여기(이승)에 있으므로 두렵고
나(죽은 누이)는 간다는 말도
다 하지 못하고 갔는가
어느 가을 이른 바람에
여기저기 떨어지는 나뭇잎처럼
한 가지에서 태어나고서도
가는 곳을 모르겠구나
아아, 극락세계에서 만나볼 나는
불도를 닦으며 기다리겠노라

나도, 우리 아이들도, 시어머니도, 시누이들도 저마다의 기억 속에 저장된 박남태의 기억을 지우려, 혹은 행여 잊지 않으려 갖은 방법으로 안간힘을 썼다.

신경 곤두세워 일하는 도중에 가끔 시어머니에게서 전화가 걸려

왔다.

"네, 어머니! 저녁은 드셨어예?"

"내가 우리 남태가 보고 싶어 견딜 수가 없다. 어디 가서 물어봐도 명 짧다 소리는 안 했는데……. 엉엉!"

구순을 바라보는 시어머니가 전화기 너머로 통곡을 하면, 바쁜 일을 다 미루고 같이 슬퍼해야 했다. 먼저 간 남동생이 그리워서 시누이가 전화를 해오면 지인들과 맛있는 음식을 먹다가도 같이 슬퍼해야 했다. 내 슬픔도 겨우겨우 참고 지내는데 주변 이들의 그리움까지 무한 책임을 져야 하는 슬픔 연좌제……. 그래서 두 배, 세 배, 네 배, 다섯 배로 슬퍼해야 했다는 사실을 아무한테도 말하지 못했다. 그렇게 그리움과 슬픔은 온전히 내 몫이었다.

사람들은 빨리 잊으라고 한다. 위로의 말인 줄 잘 안다. 하지만 때로 '산 사람은 살아야 한다'며 건네는 위로는 비수가 되기도 한다.

'내가 죽어도 사람들은 나를 잊으려 노력하며 살까? 오래 기억하나 빨리 잊으나 무슨 소용이 있겠느냐만, 아무리 세월이 흘러간들 어찌 있을 수 있을까?'

간절히 기대라도 해볼라치면, 그저 이 슬픔이 조금 무뎌지기를, 그래서 다른 사람의 장례를 눈물 없이 볼 수 있기를, 또한 구순을 바라보는 시어머니나 시누이의 슬픔이 좀 누그러지기를, 슬픔 연좌제에서 조금은 자유로워지기를…….

현관문을 나서며 영정 사진과 나누는 대화의 의미가 빛이 좀 바래기를, 그래서 남편 생각하면 마치 뱃멀미하듯 울렁거리는 이 아픔이 덜하기를 바라본다. 그럼에도 나는 32년 후에 저렇게 눈물이 나도록 남편을 그리워하게 될까?

*
그가 떠난 길목

2014년 7월 말. 김포 김두관 국회의원 보궐선거를 할 때였다. 우리 부부는 김포에 호텔을 잡고 머무르며 김두관 국회의원 선거를 함께했다. 그때 남편이 목에서 피가 올라왔다며 피 묻은 휴지를 보여줬던 적이 있었다.

성격이 꼼꼼한 남편은 선거철이 되면 스스로 치열한 작전사령관이 되었다. 전국 백양회 선후배를 찾아내고, 그 선후배의 재경백양회를 통해 거미줄 같이 지인을 찾아내고, 그들을 모아 선거 캠프로 불러들였다. 부산상고 모임인 백양회는 전국 어디에나 있었다.

남편은 노무현 대통령 선거 때도 회원 모집 전국 2위를 했다. 그렇게 선거철만 되면 치열하게 자신만의 방법으로 선거 조직을 만들어 갔다. 그날은 지인 찾기를 하느라 전화를 많이 해서 그런가

보다 했다. 그 후 별다른 이상이 없었다.

남편은 골프를 치지 않았다. 자존심 상하지만, 솔직히 말하면 '골프를 칠 형편이 안 돼서' 라는 표현이 맞다. 그런데 학교 선배가 운영하는 골프장에 상임이사로 오라는 제안을 받았고 그러겠다고 약속한 상태였다.

그 전날 지인들과 함께 자신이 머물 숙소에 무엇이 필요한지 살펴보러 의성까지 현지 답사도 다녀왔다. 골프장 이사로 가면 골프는 안 쳐도 골프웨어는 있어야 했다. 평생 붙어지내며 지독히도 싸우던 우리 부부가 드디어 떨어져서 직장 생활을 하게 되었다.

우리만큼 살고 나면, 출장 가는 남편의 뒷모습이 그리 예쁘다더니 나도 그랬던 것 같다. 대형 캐리어에 남편이 쓸 물건들을 하나씩 챙기면서 살짝 설레기도 했다. 골프장이 외진 곳에 있어서 병원을 오가기 힘들 것 같다며, 남편은 평소 먹던 심장약도 받을 겸 병원부터 다녀오기로 했다. 병원을 다녀온 뒤에는 골프웨어를 사러 가야 했다.

짐 싸기를 마친 뒤, 남편 오기를 기다리며 TV를 보고 있었다. 병원에 갔던 남편은 생각보다 오래 있다가 돌아왔다. 남편 얼굴도 안 보고, TV에 시선을 박은 채 물었다.

"병원에서 뭐라 하더노? 별일 없제?"

"아이다. 별일 있다."

심상치 않은 남편의 음성에 뒤를 휙 돌아보았다. 남편의 심각한 표정만 보고도 보통 일이 아님을 짐작할 수 있었다.

"에이! 거짓말하지 마라."

"아이다, 진짜다. 6월에 검진한 기록을 봤는데, 그때 무슨 이상이 있다고 전화 못 받았냐고 하더라."

"뭐? 무슨 그런 일이 다 있노? 다시 상세하게 이야기 쫌 해보소!"

맥없는 남편을 끌어앉히는 내 심장이 쿵 떨어졌다. 손이 차가워지면서 온몸이 덜덜 떨렸다.

"큰 병원에 가보라더라."

그 말을 끝으로 우리는 더 이상 아무 말도 하지 못했다. 남편과 한동안 말없이 그렇게 있었다. 겨우 정신을 차리고 지인들에게 전화를 했다. 큰 병원으로 가려는 데 어느 병원으로 가야 할지, 거기가 전문 진료 시설을 갖추고 있는지, 혹시라도 아는 의사가 있는지 등을 알아보았다.

"서울 큰 병원에 가면 몇 달씩 줄 서서 기다려야 하니까 차라리 부산에서 알아보자."

"아니다. 요즘은 장비가 좋아야 한다. 의료시설로 따지면 서울이 낫지 않겠느냐. 그러니까 무조건 서울로 가야 된다."

"왔다갔다 하면서 장기 치료를 받으려면 가까운 곳이 낫다."

"수술을 해야 한다면 서울에서 하고, 그 이후의 치료는 부산에서 받으면 되지 않느냐."

사람들의 얘기야 어떻든, 나와 남편의 의지가 중요했다. 나는 뼈가 으스러지는 한이 있더라도 한 치의 후회가 남지 않도록 무조건 서울로 가리라고 마음먹었다. 완강한 나의 의지에 주변 사람들은 더 이상 아무 말도 하지 않았다.

서울 큰 병원에 갔다. 폐암 2기라고 했다. 수술을 해야 하고 수술 후 항암치료를 4회 정도 받아야 하지만, 요즘은 의술이 좋아 폐암 2기는 얼마든지 살 수 있다고 했다.

"여보, 너무 걱정하지 마라! 내가 무슨 일이 있어도 당신 안 놓칠끼다."

나는 남편의 손을 꼭 잡아주었다. 남편도 그 말을 철썩 같이 믿었다. 남편의 손을 잡고 속으로 '내가 강해져야 한다' 고 다짐했다. TV에 나오는 사람들처럼, 항암을 위해 뱀인들 못 잡겠으며, 산속 어딘들 못 가겠냐 싶은 심정이었다.

그렇게 항암 2기 진단을 받고 부산과 서울을 오가기를 수십 번. 병든 남편을 태우고 여자 몸으로 밤이고 낮이고 서울을 오가는 일은 그리 호락호락하지 않았다. 남편이 쉬는지 자는지, 눈을 감고 있으면 룸미러를 돌려 그의 심기를 살폈다. 잠이 든 듯하면 그나마 안심이 되었다.

'그래요, 좀 쉬어요. 잠이라도 들면 잠시나마 죽음의 공포에서 벗어날 수 있을 테니 차라리 그 편이 낫지.'

한 손으로 운전대를 잡고, 다른 한 손으로는 눈물을 훔쳤다. 행여 내 흐느낌에 남편이 깰 까봐 맘 놓고 울 수도 없었다. 울음을 속으로 삼키려니 목젖이 따가웠다.

항암치료를 받는 것이 죽는 것보다 더 힘들다 했다. 죽음의 고통이 10이라 치면 항암치료의 고통은 11이라고, 남편은 그렇게 표현했다. 항암치료를 하면서 서울과 부산을 왕복하기에는 남편의 체력이 버텨주질 못했다. 그때 딸의 직장 상사가 가평에 있는 별장을 빌려주기로 했다. 주말에 별장 주인이 지인들과 오면 우리는 가까운 펜션이나 자연휴양림 등으로 피신을 했고 집주인이 가고 나면 다시 들어갔다. 매주 이삿짐을 쌌다가 풀었다.

가평에서의 별장살이는 서글펐는데, 남이 보기엔 근사한 일이었다. 어느 겨울 날은 밤새 눈이 내려 20센티쯤 쌓였지만 그칠 줄 모르고 계속 쏟아 부었다. 항암치료가 있는 날이라 새벽길을 나서야 하는데, 그러려면 동네 어귀까지 차를 내려다두어야 했다. 차를 두고 집까지 다시 올라오는 길, 평생 보지 못했던 굵은 눈송이가 머리와 이마를 퍽퍽 때렸다.

네 번의 항암치료를 마쳤다. 그 힘든 항암도 잘 견뎌냈으니, 이제 항암치료 받느라 지친 몸을 잘 추스르기만 하면 된다고 기운을 북돋웠다. 그렇게 됐어야 맞았다. 우리는 시키는 대로 잘 해냈으니까.

정기검진, 또 정기검진…… 재발, 전이, 항암 또 항암……. 미칠 지경이었다. 더 할 게 없었다. 그렇게 이놈의 암이란 놈은 4년 동안 끈질기게 어둠의 그림자로 우리를 덮쳤다.

남편은 암 판정을 받은 후 삶에 대한 의지가 더욱 강해졌다. 지금 생각해 보면, 지푸라기라도 잡고 싶은 심정이 아니었을까 싶다. 항암치료를 받는 와중에 인터넷 강의를 들으며 주택관리사 공부를 시작했다.

남들 앞에 나서기보다 뒤에서 묵묵히 자기 소임을 해내는 성격이었다. 정치에 발을 디디지 않았더라면 수학선생님이 어울리는 스타일이었다. 그만큼 딱 떨어지는 것을 좋아했다. 특히 공부에 의지박약인 나와는 달리 공부를 잘하는 편이었다. 한번 의자에 앉으면 하루 16시간 17시간씩, 잠자고 밥 먹는 시간 외에는 책을 후벼팠다.

운동을 나가면서도 이어폰을 끼고 강의를 들었으며, 밥을 먹으면서도 책을 손에 놓지 않았다. 금세 병마를 홀홀 털 것처럼 새로운 직업에 도전하는 품새가 바위처럼 단단해보였다. 여태껏 볼 수 없었던 모습이기도 했다.

항암치료를 할수록 기억력이 나빠졌다. 금방 본 문제도 기억이 나지 않는다고 했다. 그해 주택관리사 시험의 난이도가 높아 합격자가 많이 줄었다고 했지만 다행히 남편은 인터넷 강의만 듣고도 주택관리사 시험에 합격했다.

우리는 '의지의 한국인' 이라 불렀고, 인터넷 강의업체에서는 '폐암 말기 환자, 인터넷 강의로 주택관리사 합격' 이라는 영상을 촬영해 기업 홍보용으로 쓸 정도였다. 제2의 인생을 호기롭게 준비한 주택관리사 자격증은 한 번도 그 빛을 발하지 못한 채 불꽃으로 사라져 갔다.

그러나 나는 남편과의 약속을 끝내 지키지 못했다. 아내의 약속을 동아줄처럼 붙들고 있었을 것을 생각하면 지금도 한없이 아쉽고, 안타깝고, 또 미안하다.

남편인 듯 동지인 듯, 그렇게

2009년 5월 23일은 내 기억 속에서 가장 잔인한 봄이었다. 하긴 대한민국에서 정치에 관심 있는 사람들 중 그날 마음 편하게 두 다리 뻗고 잔 사람은 아마 없었을 것이다.

특히 남편은 신중하고 완벽주의에 가까운 성격이었다. 꼼꼼한 성격 탓에 자신을 보채는 경우가 많았다. 어떤 문제가 생기면 그 원인이 무엇인지 알아내야 했고, 똑같은 문제가 다시 생기지 않기 위해서는 어떻게 해야 하는지 고민하느라 뜬눈으로 밤을 새우는 일도 다반사였다.

노무현 대통령 서거 때도 그랬다. 노무현 대통령의 서거 후, 남편은 우울증 증세를 겪는 듯했다. 혼자 수시로 봉화를 찾았다. 부엉이바위를 쳐다보면서 울다 왔노라 했고, 노무현 대통령과 함께 장군차를 심고 새참으로 봉하 막걸리를 마셨던 장군차밭을 둘러

노무현 대통령, 박남태 남편과 묘목심기

보다가 왔노라 했다.

노무현 대통령의 죽음이 우리 집 안까지 들어와 앉았다는 공포감을 느낀 게 한두 번이 아니었다. 유명인이나 평소 존경하던 사람이 자살할 경우, 그 인물과 자신을 동일시해서 자살을 시도하는 현상을 '베르테르 효과'라고 한다. 남편은 '노무현 대통령을 따라서 죽고 싶다'고 했다는 말을 가끔씩 할 때도 있었다.

"뭐? 죽어? 어디 한번 죽어 봐라. 마누라 앞에서 할 말 안 할 말이 따로 있지. 어디서 천하의 못된 그런 소리를 한단 말이고?"

당당한 척 큰소리를 쳤지만, 나는 남편이 봉화에 간다고 하면 덜컥 겁부터 났다. 그렇게 노무현 대통령의 죽음은 남편 가슴에 또 하나의 옹이가 되어 박혔다.

그렇게 치열하게 자신을 불사르며 선거에 임했던 남편은 자신의
의지대로 삶에 복귀하지 못했다. 칼로 도려내는 아픔으로 이빨이
으스러지고 숨조차 쉴 수 없는 고통의 강을 건넜지만, 이미 헐거워
진 삶의 끈을 다시 잇지는 못했다.
　당시 환갑이었으니, 남들보다 서둘러 떠난 길이었다. 나는 남편
의 병실을 지키며 서서히 꺼져가는 남편 박남태의 마지막을 조금
씩 세상에 알렸다.

*
독립투사처럼 정치를 한 사람

시간은 인정사정없이 흘러갔다. 남편이 병상에 누워 있는 가운
데 제8대 지방선거가 시작되었다. 밤이면 남편의 병상 밑에서 노
트북을 열고 손전등을 비춰서 부산시당에 제출할 공천 심사 서류
를 작성해야 했다.
　병상을 지키려니 도무지 짬을 낼 수가 없었다. 그 사정을 짐작한
아들이 거제도 조선소에서 퇴근을 하고 부산으로 달려와 아빠 옆
을 지켜주었다.

노트북을 들고 병원 비상구에 캠핑용 식탁을 펴고 앉아 공천 서류를 작성했다. 시린 손을 비비며 자판을 두드리는 것은 둘째치고 가끔씩 사람들이 오가며 보내는 안쓰러운 시선이 더 부담스러웠다. 그리고 무엇보다도 '남편은 사경을 헤매고 있는데 나 살자고 출마를 위해 이러고 있는 것은 아닌지' 하는 자괴감이 들어 괴로웠다.

남편과 나는 성격이 정반대라 하루도 싸우지 않는 날이 없었다. 둘이서 참 죽어라고 싸웠다. 서로 한마디도 지지 않았다. 다른 사람한테는 과묵한 남편이었지만 마누라한테는 져주는 아량이 없었다. 바깥사람들이 보는 것과는 사뭇 달랐다.

어떤 지인이 내게 물었다.

"남편의 어떤 부분이 가장 좋아요?"

"하나도 없습니다."

나는 말에 고물이라도 묻을세라 얼른 대답했다. 그러나 아들, 딸을 낳고 수십 년을 함께 산 부부가 하나도 좋은 점이 없었다면 어찌 그 세월을 살아낼 수 있었으랴.

성격은 서로 달랐지만 정치적 성향이나 의견이 달랐던 적은 한 번도 없었다. 굳이 들춰내자면, 일을 풀어나가는 데 있어 속도와 방법이 조금 달랐던 것 같다. 사실 이건 별것 아닌 것 같지만, 자세히 들여다보면 사사건건 엄청난 차이다. 그러나 정치 활동을 할 때

각자 잘하는 것을 인정하고 격려해주었기에 우리 부부는 서로에게 가장 든든한 동지가 되었다.

외향적인 성격의 나는 밖으로 드러나는 일에 앞장섰고, 대중 앞에서 목소리를 높였다. 그에 반해 남편은 말없이 결과를 만들어내는 그런 사람이었다. 한마디로 '김 안 나고 뜨거운 사람'이었다. 각자의 자리에서 자기 역할을 해왔고 같은 정당에서 함께 일하다 보니 서로의 힘듦을 가장 잘 이해하는 정치 동지였다. 정치 동지였던 남편의 빈자리는 참으로 컸다.

장례를 치르고 2주가 지날 즈음 더불어민주당 시의원 후보 '기호 1번'이 새겨진 점퍼를 입고 나는 아침 유세에 나섰다. 북구 제4선거구 화명 1동 3동, 시의원 후보 이순영. 더 슬퍼할 겨를이 없었다.

하필 그날 눈치 없는 봄비가 얄궂게도 내렸다. 나는 비닐 비옷을 입고 피켓을 든 채 큰소리로 "좋은 하루 되세요, 파이팅!"을 외쳤다. 얼굴은 웃고 있는데, 남편이 떠난 슬픔은 가슴 한편에 그대로 남아 있는데 다른 이의 좋은 하루를 위해 소리쳐야 했다.

얼굴에 빗물과 눈물이 같이 흘렀다. 사방으로 들까부는 비바람에 머리카락이 헝클어져 그 눈물을 감춰주었다. 차라리 다행이었다. 남편이 있었다면 곁에서 함께 피켓을 들어주었을 텐데, 그날은 옆자리가 유독 허전해서 자꾸 어깨가 처졌다.

어느 해질녘, 화명생태공원으로 명함을 돌리러 나갔다. 하늘은
붉은색과 회색이 어우러져 청보랏빛 노을을 만들고 있었다. 강가
에서 운동하는 사람들에게 명함을 주다보니 어느새 강가에 다다
랐다. 강물이 노을빛에 일렁거렸다. 강물은 망치로 납덩이를 두들
겨 펴놓은 듯 반짝였다.

그 일렁이는 강물 위에 남편의 얼굴이 나타났다. 빙긋 웃는 것
같았다. 아무 생각 없이 출렁거리는 그 강물 속으로 발길을 옮기고
싶었다.

"여보! 여보! 여보야! 어디 갔어. 어디 갔냐고. 왜 대답이 없어.
왜! 왜!"

흐르는 강물을 보면서 소리치고 울었다. 지나던 사람들이 힐끗
힐끗 쳐다보는 것이 등 뒤로 느껴졌다. 부끄러워서, 남이 볼까봐,
이런 것 다 상관없이, 울고 싶어서 그냥 펑펑 울었다.

알콩달콩 사이가 좋았더라면 후회가 적었을까? 말로 가슴에 비
수를 꽂았고 고집스럽게 싸우고 원수처럼 살았기에 더 후회가 되
었다. 함께 있을 시간이 이렇게 짧을 줄 알았더라면 우리가 덜 싸
웠을까?

그렇게 우리는 노무현의 국민으로 한 시대를 살 수 있었음에 행복했고, 우리 손으로 만든 문재인의 나라에서 더 오래 살지 못한 것이 안타까웠다. 나는 남편의 비문에 이런 글귀를 새겨주고 싶었다.

'21세기, 대한민국 독립투사 박남태 여기에 잠들다.'

많은 분들의 희생으로 내가 지금 이렇게 살고 있고, 앞으로 또 미래 세대가 이어질 것이다. 이 나라를 위해 스러져간 이름 모를 숱한 영웅들! 교과서에, 역사에 이름 석 자 남기지는 못했지만, 적어도 자신의 아내와 자식들에게 그는 이미 작은 영웅이었다.

*
노무현 문재인의 숨은 조력자

"남편 덕에 시의원 한다."

우리 부부를 잘 모르는 사람들이 가끔 그런 소리를 한다. 그러나 우리 부부를 잘 아는 사람들은 그렇게 말하지 않는다.

"야, 그거는 니 모르는 소리다. 남태 형이 노무현 대통령 땜에 형수를 이 바닥에 끌어들였지."

후자가 맞다. 앞서 말한 바 있지만, 남편은 노무현 대통령과 부산상고 선후배 사이였다. 다른 자리 욕심 없이 선거 때가 되면 자기 일을 찾아서 하던 남편의 이력은 생각보다 화려하다.

민주당 중앙당 선거대책 본부장, 무슨 위원장 등 당으로부터 받은 공로와 표창장이 의외로 많다. 부산에서 노무현을 버렸을 때도 그는 노무현의 옆을 지켰다. 당시 노사모를 비롯해 노무현을 대통령으로 만든 영웅이 어디 한둘이었겠냐만, 남편 역시 노무현 국민경선인단 모집에 앞장섰고, 문재인 대통령 선거 때도 부산에서 경선인단을 두 번째로 많이 모집했다. 그 공로로 김정숙 여사와 전화통화를 했노라 자랑스러워했다.

대가를 바라거나 누군가에게 잘 보이기 위해서라면 그렇게까지 못했을 것이다. 자신의 신념에 따라 열정을 다했기에 한 치의 후회도 없었다.

남편이 세상을 떠났을 때, 많은 선후배들, 정치를 함께했던 동지들이 찾아와 마지막 가는 길을 배웅해주었다. 문재인 대통령께서도 조화와 조전을 보내주셨다.

해운대 지역 윤준호 위원장은 형님의 마지막 길을 이렇게 보낼 수는 없다며 〈국제신문〉에 남편의 부고를 알렸다.

"여보야, 그래도 잘 살았네. 그자? 혼자 떠나는 길이 쓸쓸하지 않아 다행이다. 그자?"

남편의 마지막 길을 배웅해 준 많은 지인에게 빚을 졌다. 부고를 미처 보내지도 못했는데, 알음알음 소문을 듣고 많은 분들이 빈소를 찾아주셨다. 더러는 김포에서, 목포에서, 또 어느 페친의 친구라며, 그 페친의 부탁으로 대신 조문해주신 그분들께 감사를 드린다. 당시 경황이 없어서 인사에 소홀했다면 이 지면을 빌려 사죄의 말씀과 감사의 인사를 올리고 싶다. 두고두고 갚아도 그 은혜를 다 갚지 못할 것이다.

노무현 문재인의 숨은 조력자, 박남태 씨 별세

폐암 투병 중 지난 5일 별세
노무현 전 대통령 당선 공헌
멀리서 묵묵히 제자리 지켜
문재인 대통령도 조전 보내

더불어민주당의 주류 세력인 친노(친노무현)·친문(친문재인) 그룹의 '숨은 조력자'로 알려진 박남태 씨가 지난 5일 별세(향년 60세)하면서 민주당 부산시당은 숙연한 분위기다. 박 씨는 폐암 판정을 받고 투병하던 중 지난 7일 유족과 당원들의 배려 속에 장례를 마치고 경남 의령의 선영에서 영면했다.

고 노무현 전 대통령의 부산상고 후배인 고인은 당내에서 궂은일을 도맡아 온 '친노·친문의 맏형'이었다. 노 전 대통령이 경선인단을 모집할 때 전국에서 두 번째로 많은 인원을 모집해 노 전 대통령의 당선에 보이지 않는 공헌을 했다. 노 전 대통령의 당선 이후에는 거리를 두고 떨어져 묵묵히 머물렀다.

박 씨의 아내인 이순영 씨는 "2002년 지방선거 때 노 전 대통령이 부산 북·강서갑 지원 유세를 마치고 서울로 돌아가던 중 인파 한구석에 서 있는 남편을 보고는 인파를 헤치고 다가와 '남태야. 니 욕봤다'며 꽉 안아주던 모습이 아직도 잊혀지지 않는다"며 노 전 대통령과의 인연 한 토막을 소개했다.

박 씨는 문재인 대통령의 선거 때도 부산에서 경선인단을 두 번째로 많이 모을 정도로 공로가 크지만 늘 보이지 않는 곳에서 그림자처럼 지냈다. 문 대통령도 박 씨의 부음을 듣고 조전을 보내는 등 각별한 애정을 드러냈다.

민주당 해운대을 보궐선거에 나서는 윤준호 예비후보는 "박남태 선배는 당내에서 늘 궂은일을 했지만 노 전 대통령이나 문 대통령이 집권했을 때도 아무런 보상도 바라지 않고 자기 자리를 지킨 맏형 같은 분이었다. 박 선배의 죽음에 동고동락을 함께했던 당원들이 매우 안타까워하고 있다"고 말했다.

한편 미망인 이 씨는 민주당 부산시당 여성위원장을 맡고 있으며, 이번 선거에서 부산시의회 북구 제4선거구(화명1 · 3동)에 출마한다.

— 2018-04-08 〈국제신문〉 윤정길 기자

제**3**장

부산을 위해 일하다

구민의 밥상을 살피는
일부터 시작했다

아이들을 키우고 봉사 활동을 시작했으며 복지관에서 봉사 활동을 시작했다.

복지관 식사는 조금 일찍 시작된다. 어르신들 식사 시간은 11시 30분 경부터인데, 거의 한 시간 전부터 복지관 주변에 줄이 길게 늘어섰다. 이 복지관에서는 규정 시간에서 5분만 늦어도 식사를 하지 못했다. 규칙이 그렇다고 했다. 이 사람 저 사람 사정 봐주다 보면 끝이 없다는 것이 그 이유였다. 상당히 이유 있는 규칙이기도 했다. 식사가 거의 끝나갈 무렵 어르신 한 분이 헐레벌떡 복지관 입구까지 오셔서 털썩 주저앉았다. 병원에 들렀다 오느라 겨우 시간을 맞춰 오셨다고 했다.

불편한 다리를 끌고 오르막길을 올라와 급한 마음에 현관에 털썩 주저앉았지만, 그 어르신은 결국 점심은 드실 수 없었다. 마음이 너무나 아팠다. 그분은 그 시각에 복지관에서 점심을 먹지 못하면 하루 온종일 굶을 수밖에 없는 형편이었다. 복지관 주방장의 그 규칙이란 것이 법보다 무서웠다.

그 상황을 지켜보자니 속이 부글부글 끓었다. 그러나 섣불리 주방장에게 따질 수도 없는 노릇이었다. 내가 나서서 따지면 그분은 오늘 점심 한 끼는 편안하게 드실 수 있을 것이다. 그러나 내가 없는 다른 날은 주방장의 눈총을 받을 게 뻔했다.

불편한 마음으로 설거지를 하면서 생각했다.

'내가 여기서 설거지를 하는 것도 봉사지만, 저분들의 점심값이 어디서, 얼마가 나오는지 따져 봐야겠다' 는 생각이 들었다.

예산의 흐름을 알아야 그 돈의 적정한 쓰임도 알 수 있다. 구의회 예산서를 살펴봐야 될 일이었다. 관련 예산서를 보려면 구의회로 가야겠다는 생각에 이르렀다. 이것이 내가 구의원을 하겠다고 결심을 하게 된 계기다.

하지만 당시 정치 상황은 지금처럼 호락호락하지 않았다. 여성 구의원 비율이 전국에서 2%정도 였다. 특히 민주당 지지도가 낮은 부산경남 지역에서 여성이 선출직으로 나서기에는 적잖은 용기가 필요했다.

"니가 정치한다꼬? 너거 남편이 가만 있나? 뭐라 안 하나?"

가까운 친구도 이런 반응을 보였다. 우스갯 소리로 '여성이
정치를 하려면 공천 이전에 남편의 허락을 먼저 받아야 한다'
는 말도 있다. 정치를 하려면 돈이 드는데, 한국사회의 경제 구
조를 보면 집이나 토지 등 기타 재산의 명의가 대부분 남편 앞
으로 돼 있었다.

남편이 정치 자금을 대주거나 최소한 마누라가 정치에 나서도
좋다는 남편 윤허가 먼저 있어야 여성들이 정치를 할 수 있는 그런
시기였다. 아프가니스탄이나 그 외 아랍 여성들처럼 부르카, 히잡
은 쓰지는 않았더라도 '여자가 울면 집안이 망한다'는 속담으로
여자를 찍어 누르던 시절이었다.

UN에서는 '적극적 우대조치인종이나 경제적 신분 간 갈등을 해소하고 과거의 잘못을 시정하기 위해 특혜를 주는 사회정책. 단순히 차별을 철폐하고 공평한 대우를 하는 것보다 좀 더 적극적으로 가산점을 주는 형태다. 여성고용할당제, 북한이탈주민 또는 장애인 의무고용 등이 적극적 우대조치의 예이다'를 시행하고 있었다.

이에 UN 가입 국가인 우리나라 또한 '비례대표 홀수 번호는 반드시 여성'이어야 한다는 선거법을 만들었다. 그 결과 국회의원도, 시의원도, 구의원도, 비례대표 홀수 번호는 모두 여성이다. 짝수 번호는 여성이어도 되고 남성이어도 된다. 그러다 보니 여성의 정치 진출이 그나마 나아진 상황이었다. 그만큼 여성이 정치를 하기란 쉽지 않았다.

그간 노무현 대통령, 문재인 대통령 후보 연설원으로, 국회의원 이철 후보 연설원으로 얼굴을 알린 덕에 '이순영'이라는 이름도 조금씩 알릴 수 있었다.

남자도 정치판에서는 아등바등 힘겨루기를 하는데 여자가 그 틈바구니에서 뭘 제대로 하겠냐며 무시하는 경우가 허다했다.

나의 역량과 상관없이, 여자라는 이유만으로 주홍글씨의 낙인이 찍힌 것이다.

2006년 지방 선거에 처음으로 출마했다. 후보로 등록하기까지 우여곡절도 많았다. 내가 살고 있는 지역은 경쟁이 치열한 데다가 이미 내정자가 있어서 그곳에서 공천을 받지 못하고 다른 지역으로 전략 공천을 받았다.

재고의 여지없이 타 지역으로 밀려나면서 나라는 존재는 당에서 '버린 카드' 혹은 당의 '총알받이'가 된 느낌이었다. 그러나 민주주의 사회는 정당 정치를 표방하고 있기에, 나는 '선당후사先黨後私'를 선택할 수밖에 없었다. 당의 결정 앞에 나의 사사로운 감정은 접어야 했다.

예비후보 선거 사무실의 현수막을 걷어내고 내 지역구가 아닌 다른 지역구로 밀려나는 처절함이란, 식솔들을 데리고 오갈 데 없이 전셋집에서 쫓겨나는 심정과 다를 바 없었다.

이미 현수막과 사무실 임대, 명함 등을 만드느라 많은 비용을 써버린 상태였다. 다른 곳으로 이동을 한다 해도 이 비용을 포함한 것이 나의 선거자금이었다.

오기가 났다. 보란 듯이 당선되어 돌아오겠다는 각오로 선거전에 임했다. 단 한 가지도 그저 되는 일이 없었다.

후보 지지연설은 이미 경험해본 터라 어렵지 않았다. 이순영이라는 사람을 소개하고 나의 소신과 정치 철학을 알리기에는 하루 24시간이 턱없이 부족했다.

2006년 5월 30일 자정, 모든 거리 유세가 끝났다. 그러나 선거 당일에도 긴장의 끈은 놓을 수 없었다.

투표소 100미터 앞에 서서 투표 독려 피켓을 들고 유권자들에게 인사를 했다. 유권자들은 투표소로 향하면서 힘내라며 격려를 해 주셨다.

평소와 다름없이 씩씩하게 화답했으나 속은 나는 바싹 타들어갔다. 그간의 노력에 대해 유권자들의 심판을 받는 날인 만큼 기대와 설렘도 있었다.

투표가 마감되고 개표가 시작되었다. 이미 화살은 시위를 떠났다. 투표 결과가 막바지에 이르면서 엎치락뒤치락 접전을 거듭했다. 마지막까지 당낙을 예측하기 어려웠다.

그리고 마침내 최종 결과가 발표되었다. 공식적으로 49표 차이로 낙선했다. 워낙 표 차이가 적다 보니 현장에 있던 선관위원장 등의 합의하에 비공식으로 재검표를 해보기로 했다.

검표 결과 '이순영' 이름에 찍힌 투표용지가 상대 후보의 집계에 포함되어 있는 것을 10표 정도 찾아냈다. 재검을 하려면 정식으로 신고를 하고, 검표에 들어가는 비용도 재검을 신청한 후보 측에서 부담해야 했다.

그래서 공식적으로는 49표 차이로 발표했지만 현장에 있던 사람들은 39표 차이라고 인정했다. 차라리 표 차이가 많았더라면 덜 아쉬웠을 텐데 근소한 차이라 안타까움이 컸다.

'밥 한 끼 안 먹고 선거운동을 했더라면 극복할 수 있었을까?'

'하아, 저기 건널목을 지나는 행인들 중 반만 나를 찍었어도 당선될 수 있었는데.'

처음에는 쿨하게 패배를 인정했는데 시간이 갈수록 미련은 점점 더 커졌다.

"첫 출마에서 그 정도면 선방한 겁니다. 이번은 그냥 경험이었다고 생각하세요. 이번 기회를 발판 삼아 다음에는 꼭 당선될 겁니다."

사람들은 내가 낙담했을까봐 조심스럽게 위로의 말을 건넸다. 그러나 귀에 들어오지 않았다. 갈수록 이런 말들이 공중에 헛돌며 낙선자의 심기를 건드렸다.

'자기 일 아니라고 너무 쉽게 말하는군. 내 입장이 되었어도 그렇게 말할까? 어쭙잖은 충고 따위는 하지 말라고.'

그렇게 고래고래 소리치고 싶었다. 몸이 으스러지도록 나 자신을 패대기치고 싶었다. 육신이 망가지면 정신이 조금 맑아질 것 같았다.

나는 비싼 등산화를 하나 마련했다. 그리고 산악회에 들어가서 시간이 날 때마다 산을 오르내렸다. 안 가본 산이 없었다.

산길을 오르내리던 가운데, 어렴풋하게 수없이 '인생길이 마치 이 산길 같다' 는 생각에 이르렀다.

오르막길이 있으면 내리막길이 있다. 숨이 턱에 닿는 깔딱고개를 지나면 숲속 오솔길이 이어지고, 정상에 오르기 전엔 호흡이 끊어질 듯한 고통이 기다리고 있다. 그것을 감내해야 정상에 오를 수 있다는 것을 산을 통해 배웠다.

그제야 비로소 사람들이 보이기 시작했다. 내 이웃이 보이기 시작했고 가족이 보이기 시작했다.

'자신을 바라봐주는 단 한 사람만 있어도 그 삶은 살아갈 가치가 충분하다' 는 말이 있다. 많은 사람이 진정으로 나를 걱정하고 있었다. 핫도그를 파는 포장마차 사장님도 아이들에게 잠시 가게를 맡기고 가서 '이순영'이란 이름 위에 도장을 찍었다고 했다. 나를 걱정해주는 분들의 한마디 한마디가 나를 지켜주는 힘이었음을 한참 후에야 알았다.

눈물나게 고맙고 감사하다. 매사가 다 맞는 말씀이었다. 실패는 실패가 아니요, 그것을 경험으로 삼는다면 분명 더 좋은 결과가 있을 것이다. 그렇게 받아들이며 하루하루를 견뎠다.

첫 선거를 치르면서 많은 것을 보고, 듣고, 느꼈다. 그리고 '지방의회가 이런 식으로 하면 안 되겠다' 싶은 생각이 들었다.

'지방자치'라 함은 주민들이 필요로 하는 일을 주민들 스스로, 직접 선출한 대표자를 통해 구현하는 것을 말하는데 현실은 그렇지 않았다.

그래서 의원들의 생각대로 움직이는 지방의회가 아니라 실제로 주민들이 삶이 반영된 의회, 생활밀착형 의회를 지향하는 '북소리 의정 참여단'을 만들었다. 신문고의 역할을 하자는 뜻을 담아, '북(구 구민의) 소리'에서 따온 이름이었다.

'북소리 의정 참여단'은 북구에 의회가 열릴 때 의정에 참여를 해서 정치와 현실이 동떨어져 있지는 않은지 검토하는 역할을 했다. 또 지역 예산이 허투루 쓰이거나 의원들이 나태하고 방만하게 활동하는 것은 아닌지 살펴가며 쓴소리도 마다하지 않았다. 그리고 열악하고 소외된 계층을 조명하여 그들의 복지를 강화하도록 제안을 하기도 했다.

정치인이 아니라 북소리 의정 참여단의 구성원이자 시민의 한 사람으로서 객관적인 목소리를 낼 수 있는 좋은 계기가 되었다.

그렇게 활동을 하면서 정치인으로서의 안목을 넓혔고 실제적인 역량도 키웠다. '못생긴 소나무가 고향 산천을 지킨다'고 했다. 시인 도종환은 "흔들리지 않고 피는 꽃은 없다"고 했다. 첫 출마에서 낙선한 것은 뿌리를 강하게 하고 튼실한 열매를 맺도록 하기 위한 하늘의 뜻이라고 생각했다.

2년 단위로 선거가 있다. 대선이 끝나면 지방선거가 있고, 또 보궐이 있고, 총선이 있다. 2010년 제5회 전국동시지방선거에 부산 북구의회 비례대표 구의원이 되었다. '비례 홀수 번호 여성공천 의무화제도'가 여성의 정치 참여 확대에 기여한 결과였다.

"줄줄 새는 북구 살림, 야무지게 챙기겠습니다."

구의원 후보로 나서면서 당시 내세웠던 슬로건이었다. 그것은 이미 북소리 의정 참여단에서 해왔던 일이고, 구민의 살림살이 챙기는 것이야말로 내가 똑 부러지게 잘할 수 있는 분야기도 했다.

'귀 기울여 듣겠습니다', '사랑으로 보살피겠습니다', '꼼꼼히 챙기겠습니다', '사람 사는 세상, 살맛나는 북구를 만들겠다' 고 구민들과 약속했다.

의회의 중요한 기능 중 하나인 견제 기능을 되살려 견제와 균형을 이루고, 구민들의 생활과 밀접한 현안을 반영하고, 북소리 의정 참여단처럼 구민이 직접 참여하는 의정을 지속해가겠다는 의지를 내세웠다.

나는 구의원 당선 후, 구민들 앞에 내걸었던 공약에서 어긋나지 않도록 하나하나 실천해갔다. 나를 믿고 지지해 준 구민들께 보답하는 방법, 나보다 더 열심히 홍보하며 힘을 보태준 지인들께 의리를 지키고 예의를 다하는 방법, 그것은 내가 구의원으로서 열심히 활동해서 그분들의 삶을 한층 편안하게 지켜주는 것이었다. 내 자리에서 내가 할 수 있는 한 최선을 다해!

2

작은 것부터, 할 수 있는 것부터

북구 구의원 시절 구의원 13명 중 유일하게 4년 개근을 한 의원은 나 혼자였다. 개근이 중요한 것이 아니라 자기가 구의원, 시의원으로서 해야 할 일을 충실하게 해냈느냐의 문제이기에 개근의 의미는 중요하다. 시의회에 들어와서도 지금까지 개근이다.

개근은 본회의가 열리거나 상임위가 열릴 때, 단 한 번도 의정활동에 빠지지 않았음을 의미한다. 이것을 강조하는 데는 나름의 이유가 있다.

"구의원은 국회의원의 입술에서 나온다"는 말이 있다. 이 말은 구의원이나 시의원의 공천권을 그 지역 국회의원이 쥐고 있다는 말이기도 하다. 사정이 이렇다 보니 자기 당의 국회의원이 지역에 내려오면 구의원들은 그 국회의원에게 아부하느라 회의에도 나오지 않고 그 국회의원의 꽁무니만 따라다니는 것이 다반사였다.

상임위원회는 성원이 안 되면 열리지를 못한다. 내가 구의원을 할 때 주민도시위원장을 맡았는데 성원이 안돼 상임위를 열지 못할 때도 있었다. 지금도 마찬가지다. 유권자들은 정신 똑바로 차리고, 누가 우리를 위해서 일할 사람인지 정확하게 판단해야 한다.

안타까운 일은, 성실하게 의정 활동을 하는 의원들은 얼굴을 못알려 손해를 보는 반면 제대로 일도 하지 않으면서 자기가 일을 다하는 듯이 자랑질만 하면 주민들은 또 그 말을 믿고 넘어간다는 점이다. 일을 찾아서 열심히 하는 구의원들보다 겉보기에 번지르르한 구의원이 밖에 나가서 더 환영을 받는다. 안타까운 일이다.

구청이 바로 돌아가려면, 시의회가 바로 돌아가려면 우리 시민들이 더 많이 공부해야 한다. 국회의원이 국회를 감시하며 법을 세우고, 시의원 구의원이 견제 기능을 제대로 하도록 하기 위해서는 국민이 이들을 곧추세워야 한다. 회초리를 들어야 한다. 곳간에 도둑이 못 들도록, 선거 때 표로서 그들을 응징해야 한다.

어느 드라마에 이런 대사가 나온다.

"존경하는 국민 여러분! 정치인들은 입만 열면 국민을 존경한다고 말합니다. 그러나 정치인들은 국민들을 존경하지 않습니다. 특히 자신을 나무라지 않고 회초리를 들지 않는 국민들은 더 존경하지 않습니다. 회초리를 들어 주십시오."

맞는 말이다. 제대로 감시하지 않으면 정치인은 국민을 존경하지 않는다. 나는 정치를 혐오하는 구민들 앞에 바투 다가가 정치를 설명했고, 구의원·시의원이 하는 일이 무엇인지 이해시키려 노력했고, 민원이 생기면 그날 밤을 넘기지 않았다.

＊
도전 또 도전

2014년 제6회 전국동시지방선거에서 부산시의원 후보로 출마했다.

"편안하게 구의원이나 한 번 더 해먹지."

나는 이 말이 너무나 듣기 싫었다. 구의원 자리는 해먹고 말고 하는 자리인가 반문하고 싶었다. 그러나 정치를 하는 이상 주민들께 할 말 다 할 수는 없다.

2018년 까지의 부산시의회는 시의회 역사상 단 한 명도 민주당 선출직 시의원이 배출되지 않았다. 그중 한두 명의 비례대표로 정당을 대표할 뿐이다. 그 말인 즉, 일당독재 체제의 시의회가 시청 업무의 견제는커녕 거수기 역할밖에 할 수 없는 실정이었다. 참으로 슬픈 현실이었다.

지방의회의 역사가 시작된 이후 27년 간 계속되어 온 일이었다.

시장, 구청장을 견제·감사해야 할 의원들을 모두 같은 당으로 몰아주니 행정이 제대로 돌아갈 리 만무했다. 그 결과 오늘날의 엘씨티가 생겼고, 송도 이진베이시티가 생겼다.

내가 시정 질문을 한 부산시 사전협상 제1호인 한진 YC 사태도 마찬가지다. 나는 더 이상 구의원에 안주할 수 없었다. 편안하게 구의원 하면서 오뉴월 장마에 도끼 자루 썩듯 부산시를 내버려둘 수 없었다.

나는 과감하게 구의원을 접고 시의원에 도전했다. 시의회 역사상 단 한 명의 시의원도 선택해주지 않은 부산 시민들이었지만 나는 그 시민들에게 묻고 싶었다.

주민들도 나의 의정 활동을 인정하고, 시의원 후보로 나온 나의 용기에 기꺼이 한 표를 주었다.

그러나 박근혜를 심판해야 할 세월호 정국은 우리 민주당 출마자들을 집어삼켰다. 제7대 부산시 의회는 일당독재의 거수기 역할을 하는 시의회로 전락했다.

정치인들 사이에서 흔히 하는 얘기가 있다. "저 사람, 밥값은 하나?"라는 말이다.

구의원이든 시의원이든 국회의원이든, 그들이 지출하는 비용과 받는 월급은 모두 세금에서 나온다. 그러므로 세금을 내는 사람은 의원들이 제대로 일하고 있는지 따질 권리가 있다. 의원들이 제대로 일하지 못할 때 "밥값 못 한다"는 지적을 받는 것은 당연하다.

나는 정치를 하면서 여성과 아이, 노인의 복지에 특히 관심이 많았다. 북소리 의정참여단 단장으로 있을 때도 여성과 소외 계층이 주체적인 삶을 살아갈 수 있도록 예산을 살폈다.

그런데 내가 하는 일이 남성 의원들 눈에는 사소하고 쓸데없는 일처럼 보였던 모양이다.

그들은 여성이 일하고, 아이가 자라고, 학생이 공부하는 환경을 만드는 일은 뒷전이고, 큰 건물을 세우거나 대외적으로 주목 받는 일은 서로 하려고 경쟁을 벌였다.

나 또한 사람인지라, 스포트라이트를 받는 자리에 욕심이 없었던 것은 아니다. 그러나 자리에 욕심을 내면 일을 할 때 여기저기 눈치 볼 일도 많이 생긴다.

눈치를 보면서 무슨 일을 제대로 할 수 없다. 반대로, 내가 잘할 수 있는 일을 찾아서 하다 보면 그 일이 오히려 나를 돋 보이게 하는 경우가 더러 있다.

그것이 여태 내가 살면서 깨달은 이치 중 하나다.

2021년 대한민국 정부의 저출산 관련예산은 무려 46조다. 결혼한 부부의 50% 이상이 맞벌이를 한다는 통계가 있다. 신혼 때는 문제가 안 되지만, 아기를 출산하면 그때부터는 양육 문제가 생긴다. 대개 여성이 직장을 그만두거나 양육을 대신해 줄 친정ㆍ시부모님 혹은 육아 도우미에게 부탁을 한다.

맞벌이에서 외벌이를 하면, 가족은 한 명 더 늘어났는데 수입이 절반으로 줄어들면서 경제적인 부담감이 생긴다.

여성이 일터로 복귀하면 양육을 대신해주는 분께 보수를 드려야 하는 것은 물론, 여성은 아기에게 모유 대신 분유를 먹이는 것에 대한 미안함을 갖는다. 군이 모유를 먹이려면 양육을 대신해주는 분이 아기를 데리고 직장까지 가야 한다. 아기가 직장으로 와도 문제다. 아기를 끌어안고 모유를 먹일 만한 장소가 없기 때문이다. 그러면 아기 엄마는 라면박스 하나 챙겨 들고 화장실로 간다. 아기는 결국 라면박스에 쪼그려 앉은 엄마의 가슴에 매달려서 젖을 먹는다. '여성 탈의실이 있으니 그곳으로 가면 되지 않느냐'고 반문하는 사람도 당연히 있다. 하지만 공공으로 쓰는 장소다 보니 곱지 않은 시선이 따갑다. 실제로 젖비린내 난다고 항의가 들어오기도 했다. '아기가 똥을 싼 모양이다', '아기 때문에 신경 쓰인다'고 주변에서 항의를 하는 바람에 권고사직을 당한 사람도 있었다. 요즘 세상에 수유실이 있는데 말도 안 된다고 할 테지만 불과 10여 년 전의 일에 불과 하다.

직장 내 수유실을 만들도록 안건을 발의하고 추진하는 나를 보며 혀를 끌끌 차는 남성 의원이 많았다. 중요한 안건이 얼마나 많은데 별것도 아닌 일을 문제 삼아 시간을 낭비하느냐는 것이었다.

아기에게 젖조차 편히 물리지 못하는 상황에서 '아기 낳으면 100만 원 준다', '많이 낳으면 대학까지 무료로 교육시켜 주겠다' 하는 정책이 무슨 소용이 있을까. 저출산과 3포연애, 결혼, 출산 세 가지를 포기한 세대, 5포3포 세대+내 집 마련, 인간관계를 근본적으로 해결하려면 인권과 복지가 보장돼야 하고, 그 첫 단계로 인식의 변화가 필요하다. 인식은 하루아침에 바뀌지 않는다. 계속적으로 누군가 목소리를 높이고, 안건을 제출하고 끊임없는 정당한 요구가 있어야 한다. 또한 바꾸기 위해 바위를 향해 달걀을 던져야 한다.

젊은이들에게 결혼과 출산을 당연한 의무로 강요해서는 안 되고, 아기를 낳고 양육함에 있어서 부모의 인생을 포기하게 만들어서도 안 된다. 더 나아가, 부모가 된다는 것에 자긍심을 갖고 존중받도록 젊은이들을 바라보고 대하는 태도가 달라져야 한다. 여성은 아이를 낳는 기계가 아니다.

화장실은 또 어떤가? 수유실에 이어 화장실 문제도 현실적인 개선이 필요하다. 학교든 고속도로 휴게실이든, 건물을 새로 지을 때 남성과 여성의 화장실 공간을 정확히 반으로 나눈다. 어찌 보면 공평한 배분이다. 그러나 속내를 들여다보면 불공평하기 짝이 없다.

공간의 크기가 같다 하더라도, 여성 화장실 변기 수와 남성 화장실 소변기 수는 두 배 정도 차이가 난다. 일일이 칸막이와 문이 필요하고 그만큼의 공간이 확보되어야 하는 여성 화장실과 달리 남성 화장실에는 빽빽하게 소변기를 세울 수 있기 때문이다.

여름 휴가 길에 들른 고속도로 휴게소. 남편은 화장실에 다녀와 담배까지 한 대 피우면서 쉬고 있는 동안, 아내는 밖에까지 길게 늘어선 줄 끝에 서서 발을 동동 구른다. 남편이 짜증스럽고 불편한 눈치를 계속 보낸 탓에 휴가 기분도 엉망이 되고 만다. 볼일을 보고 종종걸음으로 차로 돌아가면 남편은 혀를 끌끌 차면서 결국 한마디 한다.

"하여간 여자들은 궁둥이가 무거워서 안 돼!"

신체 구조가 다르고 화장실 변기 수가 부족해서 생긴 문제를 여자들 탓으로 돌린다. 정말 공평하려면 공간을 똑같이 나눌 것이 아니라 변기 수를 똑같게 만들어야 한다. 아니, 여성 화장실의 변기 수를 남성 화장실에 비해 2배 이상 늘려야 한다. 그것이 공평한 계산법이다.

시의회에 들어와서 이런 내용을 뒷받침하기 위해 '남학생과 여학생의 화장실 사용 시간'을 조사했다. 이 조사는 전국에서 조사된 바가 없는 첫 사례이기도 했다.

조사 결과, 남학생이 화장실을 이용하는 시간은 평균 38초, 여학생은 1분 38초인 것으로 나타났다. 이 결과대로라면 여성 화장실 수가 남성 화장실 수보다 2.6배 더 많아야 하고, 화장실 개수를 늘리려면 여성 화장실의 면적이 그만큼 더 넓어져야 한다. 이것은 학교, 고속도로 휴게소뿐만 아니라 모든 공공장소에 해당한다.

그러나 문제는 여성 화장실에만 있는 것이 아니다. 남성 화장실도 개선되어야 한다. 남성 소변기는 개인의 프라이버시가 보장되지 않는 무방비 상태로 설치되어 있다. 특히 사춘기에 놓여 있는 중·고등학교 남학생들은 이러한 문제에 민감할 수밖에 없다. 남성 소변기와 소변기 사이에도 칸막이를 만들어줘야 한다. 물론 그만큼 간격을 두고 설치해야 하므로 공간상의 문제도 같이 해결해가야 한다. 학교나 공공 휴게소를 건설하는 시점부터 이런 점을 유념하고 시작해야 한다. 부산 교육청은 조례를 발의해 이 문제점을 해결하고 있다.

이러한 문제를 가지고 공공연히 개선책을 거론하다 보니 '이순영은 애 젖 먹이고 학생들 화장실 만드는 일에만 관심이 있다'는 말이 나올 법도 했다. 그뿐만 아니라 학생들에게 무상으로 교복을 지원해주고, 급식비와 수학 여행비 지원, 마침내 고등학교 등록금도 전면 지원했다. 이제는 체육활동에 필요한 체육복도 무상으로 지급될 예정이며, 이는 내가 부산시의원으로 들어 와서 한 의정 활동 중 눈여겨볼 성과다.

부족한 것이 있으면 지원해주고 잘못된 것을 바로잡고, 남들이 신경 쓰지 않는 일을 애정어린 눈으로 바라보고, 소외된 이웃을 돕기 위해 적극 나서는 일, 그것이 시의원으로서 내가 할 일이었다.

내가 구의원, 시의원으로 활동하면서 노력했던 일들이 지금은 현실로 이루어졌다. 하지만 아직도 우리 주변에는 고독사를 하는 사람들과 실업으로 고통받는 사람들이 많다.

동료 의원이 발의한 부산시의회 조례 중 '외로워 말아요' 조례가 있다. 사회 속에서 느끼는 외로움과 이로 인해 받는 고통을 치유하고, 행복한 삶을 살아가는데 필요한 사항이 무엇인지에 대해 규정하고 있다. 또한 외로움 치유와 행복 증진을 위한 치유센터의 설치·운영, 외로움 치유와 행복증진위원회의 설치·구성·운영 사항을 규정하고 있다.

하지만 이런 조례와 상관없이 사회적 약자들은 사이버 범죄에 노출되고, 성범죄의 희생양이 되고, 가정폭력에 시달리고 있다. 앞으로 내가 해야 할 정치 활동이 아직 많다. 내가 좀 더 잘할 수 있는 일이 정치라면, 내가 아직 정치를 그만두지 못하는 이유가 여기에 있다.

·

3

문재인의 약속, 북구에 담다

2018년, 그러니까 3년 전이다. '이제는 바꿔 주십시오. 북구 제대로 바꿉시다' 라는 슬로건을 내걸고 북구 제4선거구, 화명 1동·화명 3동 시의원 후보로 출마했다. '못 살겠다 갈아보자' 고 외치던 자유당 시절 구호같기도 하지만, 부산시 북구의 변화가 절실히 요구되는 시점이기에 '바꾸자' 는 의도를 강조했다.

내가 지향하는 정치 목표는 '누구나 살고 싶은 도시, 누구나 행복한 도시' 였다. 그런데 현실은 그렇지 못했다. 아이가 초등학교를 졸업할 즈음이면 이사를 고민하기 시작했다. 그 이유는 아이의 교육 때문이었다.

부모가 한 시간 정도 차를 타고 출퇴근하는 한이 있더라도 아이는 학군이 좋은 곳에서 교육시키고 싶어했다. 실제로 아버지는 북구에 살지만 아이와 엄마는 학군 좋은 곳으로 위장 전입해서 사는 소위 '참새가정' 도 있었다.

내 자식 잘되기를 바라는 부모의 마음을 매도하기 이전에, 생각의 전환이 필요하다. 요즘 북구는 북구 명칭을 바꾸려는 시도가 한창이다. 북구라는 지명이 주는 전통적 이미지가 좋지 않다는 것이 그 이유이다. 그러나 구 명칭을 바꾸는 일은 많은 예산이 드는 일이다.

그러나 생각을 바꾸면 의외로 답은 간단하다.

북구에 있는 중·고등학교를 명문으로 만들어서 인근 지역에 사는 사람들이 너도나도 북구로 이사 오고 싶도록 만들면 된다.

북구 명칭을 바꾸기 전에 북구라 쓰고 Book구라 읽으면 된다. 북구가 책 읽는 도시Book가 되는 것이다.

부산은 전국에서도 교육열이 높기로 유명하다. 과학고, 외고, 자사고 등 특목고에 진학하는 학생 수가 서울, 경기 다음으로 많다. 특히 해운대구는 서울 강남의 8학군에 버금간다. 남구, 동래구, 부산진구 등도 높은 진학률을 자랑한다.

반면 중구, 동구, 영도구는 상대적으로 진학률이 낮다. 특히 지역에 따른 교육격차가 크다.

그래서 학군을 따라 해운대구로 이사하려는 사람들이 많아지면서 부동산 값도 천정부지로 뛰었다. 교육 격차가 결국 지역 발전 불균형의 원인이 되는 것이다.

- 출처: 랭킹코리아 2019

그래서 '부산교육 1번지 화명 특구 만들기'를 제1 과제로 삼았다. 학생들이 원하는 고등학교에 진학할 수 있도록 다각적인 지원을 약속했다.

강사를 초빙해 정기적인 입시 컨설팅을 하고, 논술 특강을 실시하고, 특목고 졸업생들이 멘토가 되어 멘토링 프로그램을 운영하는 등, 꼭 필요한 지원이었다.

재학생들은 이러한 지원을 통해 막연한 목표를 따라가는 것이 아니라 자신의 진학에 대해 구체적인 계획을 세워볼 수 있을 것이다.

나는 이것을 '북구의 맞춤형 입시 컨설팅'이라고 이름 붙였다.

교육과 더불어 보육이 중요했기에 그 점을 두 번째 과제로 삼았다. 우리나라의 보육은 사실 교육과 맥락을 같이하는데, 어쨌거나 핵심은 아이 키우기 좋은 도시를 만들겠다는 것이었다.

돌봄 없는 저출산 해결책은 공염불에 불과하다. 워킹맘들이 일하려면 무엇을 지원해야 할까 고민했다. 나는 같은 여성이자 일하는 엄마로서 누구보다 그 마음을 잘 알 수 있었다.

일하는 엄마들은 아이가 아프거나 결핍을 느낄까봐 늘 미안하고 불안하다.

일을 그만두고 육아에만 전념하자니 경제적인 문제가 생기고, 그간 열심히 쌓아온 커리어는 공염불이 되고, 경력 단절 여성으로 낙오자가 된 우울감에 빠지게 된다.

우선 엄마들의 심리적인 부담을 없애는 게 최대 관건이었다. 그러다가 한 가지 결론을 내렸다.

'아, 엄마를 직접 지원하는 것보다는, 아이가 엄마 없이도 재미있고, 안전하고, 유익하게 하루를 보낼 수 있도록 해야겠구나. 그렇게 하면 자연스럽게 엄마들의 걱정이 사라지겠어.'

그래서 실내에 공공 놀이터를 짓고, 아이들을 위한 안전공제보험을 만들고, 육아공동체 만들기에 적극 지원하겠다는 약속을 했다. 혼자 놀이터에서 놀다가 그네에 다쳐 콧뼈가 내려 앉았던 내 아들의 어린 시절을 돌아보면서 엄마의 마음을 담은 현실적인 공약을 내세웠다.

미취학 아이들과 초등학생을 위해서는 돌봄과 학습이 같이 이루어지는 전담 케어센터를 만들겠다는 계획을 세웠다.

관이 주도하는 센터라면 부모들이 안심하고 보낼 수 있을 뿐만 아니라 학원비나 교육비 부담을 덜 수 있으니 반드시 필요한 지원이었다.

물론 기존에도 지역 돌봄 센터가 활성화되어 있긴 하다.

그런데 돌봄 전문 인력이 부족하고 학습 부분도 '시간 메우기' 식이 많았다. 이름뿐인 돌봄이 아니고, 빈부의 격차에 따라 선택해서 가는 곳이 아닌, 누구나 공평하게 혜택을 받을 수는 돌봄이었다.

세 번째 과제는 '어르신들의 복지'에 관한 것이었다.

당시 부산시와 북구에서는 시니어클럽, 노인복지관을 운영하며 노인 일자리를 연결하고 취미 활동을 할 수 있도록 지원하고 있었다. 하지만 그 수가 턱없이 부족했다. 또한 어르신 전문 체육 시설은 한 곳도 없었다.

물론 부산시 북구에는 수영시설을 갖춘 대규모의 국민체육센터가 있어 누구나 이용할 수 있다. 돈을 내고 이용하는 시설이지만,

사설 체육시설에 비하면 절반도 안 되는 비용이다. 하지만 말 그대로 누구나 이용할 수 있는 시설이기 때문에 어르신들의 체력 조건이 고려되어 있지 않았다.

어르신들은 넘어지거나 미끄러지기 쉬우므로 체육시설에 반드시 사이드가드가 필요하다.

또 무리한 운동은 오히려 해가 될 수 있으므로 전문 코치가 곁에서 운동량을 조절해서 알려드려야 한다. 무엇보다, 어르신들에게 맞는 운동 프로그램을 개발해야 한다.

젊은 시절 국가 건설을 위해 헌신한 어르신들이다. 자식들 뒷바라지 하느라 자신들의 육신을 돌보지 못하고 골병이 들었다.

열심히 살아오신 그분들이 편안하고 건강하게 노후를 보낼 수 있도록 문화예술체육 종합회관을 건설하리라는 비전을 그려 보았다. 그곳에서 필요한 교육도 받고, 취미 활동도 하고, 동아리 모임도 갖고, 운동도 할 수 있도록 체계적인 시스템을 갖춰 놓는다면 어르신들의 핫플레이스가 될 것이다.

노인 지원 정책 중 도입이 시급한 것은 '찾아가는 주치의 제도'다. 지금은 지자체에 따라 섬마을이나 교통이 불편한 외진 지역으로 그러한 지원이 조금씩 이루어지고 있다.

그러나 몸이 아파도 움직임이 불편해서 제때 병원을 찾을 수 없는 어르신들은 도시에도 많다.

행여 자식들 신경 쓰일까봐 말도 못하고 지내시는 분들이다.

그런 분들이 불편함 없이 진료와 치료를 받으실 수 있도록, 먼저 찾아가서 보살피는 지원이 필요하다. 스스로 건강을 돌볼 수 있도록 간단한 의학 상식을 교육하고, 육체 건강은 물론 정신 건강도 보살피는 심리 상담도 곁들여야 한다.

조손 가정이 늘고 있다. 노인복지, 보육, 저출산 문제와 관련해서 꼭 수정, 보완돼야 할 정책이 있다. 아이를 위탁시설에 보내면 육아지원금을 주고 가족이 돌보면 육아지원금을 주지 않는 정책은 바로잡아야 한다.

어르신들이 자녀의 집에서 가사를 하거나 손주들을 돌본다면 그것에 대한 정당한 노동의 대가를 위탁시설에 주는 것만큼 보상해주어야 한다. 보육이 국가의 책임이라면 위탁시설에서 키우든 각자의 가정에서 키우든 그 노동력을 경제 활동으로 국가가 인정해주자는 것이다.

이것이 현실화된다면 가정 내 육아가 늘어나면서 맞벌이 부부도 안심하고 일할 수 있을 것이다. 그러나 만약 지금처럼 계속 무상노동으로 흘러가거나 자녀의 지갑을 열어 부모님께 용돈을 드리는 수준에 머문다면 저출산 문제, 여성의 경력 단절이란 문제는 영원한 공염불에 그치고 말 것이다.

내가 생각하는 행복한 도시는 사회적 약자로 대변되는 여성, 아이, 노인이 불편함 없이 잘 사는 곳이다. 여성 혼자 밤길을 걸어도 무섭지 않고, 어른들의 무관심 속에 아이가 방치되지 않고, 나이 먹고 병들었다고 해서 노인이 무시당하지 않는 곳이라면 그 누구든 행복할 수 있을 듯하다.

질타와 대안 제시

시정질문

나는 집행부 공무원들이 제일 싫어하는 의원의 유형 중 하나이지 싶다.

"의원님은 학창시절에 공부 잘하셨나 봐요."

누군가 내게 말하면, 나는 아니라고 짧게 대답한다. 공부를 못하긴 했지만 그리 부끄럽지는 않다. 그러나 한 가지 자랑은, 초등학교부터 고등학교까지 내내 개근을 했다는 점이다. 아파서 양호실에 누워 있는 한이 있어도 학교를 빼먹는 일은 없었다.

'학생이 학교에 가고, 공부 열심히 하는 건 당연한 거 아냐?'

이렇게 반문하는 사람이 있을지도 모른다. 그러나 세상에 당연한 건 없다. 하루도 빠짐없이 학교에 가고 공부 열심히 하는 것 모두 노력해야 가능한 것이다. 개근상을 주는 이유는 그 노력을 인정하기 때문이다.

구의원으로 있을 때도 의원들 중 유일하게 4년 개근을 했다. 시의원인 지금도 '이순영 의원, 회의 참석률 100%'라는 기록을 세우고 있다. 출결은 얼굴 도장이 아니라 그 사람의 성실성을 알아볼 수 있는 지표다. 성실한 사람은 몸으로 증명하지만, 성실하지 않은 사람은 핑계가 많아서 입이 바쁘다.

회의장에 들어가기 위해서는 그 이전부터 준비를 철저히 해야한다. 시정 질의를 신청하고 나면 잠이 오지 않는다. 시의회 의원연구실은 언제나 불야성이다. 자료 조사, 근거 제출을 위해 몇 주동안 준비한다. 그리고도 부족한 부분이 없는지 점검하고, 발표 시간 안배는 적정한지 철저히 연습한 뒤 시정 질문에 임한다. 낮에는 전화와 면담, 각종 보고 등 할 일이 너무나 많고 집중이 안 된다. 그래서 퇴근 이후 시간에 준비를 하다 보니 밤 12시가 넘어서 퇴근하는 경우가 다반사다.

의원이 질문을 할 때는 집행부 공무원보다 더 공부를 많이 해야한다. 그래야만 수십 년 업무를 해온 집행부와 질의 응답이 가능하다. 공무원들은 안다. 저 의원이 알고 묻는지 모르고 묻는지. 특히 시의회 질문 답변과 5분 발언, 시정 질문 등은 실시간으로 생중계된다. 시민들이 서슬 퍼렇게 보고 있는 엄중한 현장이다. 이때 의원이 제대로 된 질문을 못하거나 답변을 제시하지 못하면 낭패다. 질의와 답변이 끝난 뒤에는 적절한 대안을 제시해야 한다. 질의와 답변으로만 끝난다면 그것은 의원의 참패다.

시정 질문을 위해서는 그 현안에 대한 지식을 정확하게 파악하고 이해해야 한다. 시정 질문은 집행부와의 대치이다. 어떤 사안에 대해 치열하게 질문하고, 집행부로부터 그것이 잘못되었다는 인정과 동시에 시정하겠노라는 답변을 받아내는 것이 그 목적이다.

그 사건과 사안에 대해서 공부하지 않으면 몇 십 년 그 자리에 있는 전문가들인 집행부 공무원을 설득할 수가 없다. 회의에 참석하지 않으면 그날 회의장 분위기가 어땠는지 알 방법이 없고, 누가 어떤 문제를 질의했는지 컨닝을 할 수도 없다. 그래서 뒤늦게, 마치 자신이 처음 질의하는 것처럼 뒷북치는 질의를 했을 때, 성실하게 자리를 지켰던 의원들이 괜스레 부끄러워 고개를 숙이게 된다.

✳ 시의회 장내에 퍼진 당당한 사투리 발언

시의회나 구의회의 5분 발언은 원고를 읽는 것으로 시작한다. 나는 대학원 박사과정으로 고전문학을 전공했다. 고전문학은 구비전승 되어 오는 민요나 설화, 민담, 옛이야기, 수수께끼 등을 연구하는 학문이다. 나는 글을 읽는 것이 아닌, 부산 사투리 순 우리 입말로 5분 발언을 해보기로 했다.

3·1운동 및 임정수립 100주년을 맞아, 부산의 문화인식 개선을 촉구하고 구술문화 재현을 위한 새로운 시도였다.

5분 발언을 하기 전에 나는 왜 내가 사투리로 5분 발언을 하는지에 대해서 설명했고, 사투리 억양을 속기로 다 받아 적을 수 없다 하더라도 최대한 그 속성을 살려 속기해 줄 것을 속기사에게 당부했다. 그러므로 수백 년 전부터 나라를 위해 복숨을 바쳤던 선조들의 정신과 기상을 되살리기 위해서는 문화재 관리와 문화인식을 개선하는 보다 체계적인 행정적 뒷받침이 반드시 수반되어야 한다고 촉구했다.

나는 그렇게 당부하고 거침없이 사투리로 5분 발언을 이어나갔다. 자갈치 아지매가 하는 라디오 프로 성우 같이 부산 사투리로 발언을 이어나갔다.

순간 본 회의장 장내가 술렁거렸다. 정제되지 않은 날것의 부산 사투리로 하는 5분 발언이었지만 우리 것을 소중하게 여겨야 한다는 서슬 퍼런 의원의 당당한 사투리 발언에 각종 언론에서도 많은 관심을 가져 주었다.

*

놀 권리가 보장된 아동친화도시 부산

부산시는 2019년 '유니셰프 아동친화도시'로 인증받았다.

입시를 위해 주입식으로 교육 받는 아이들에게 창의·융합형 인재가 되라고 강조한다면 그것은 모순이다. 창의력은 테두리 없는 상상력 속에서 나온다.

4차 산업혁명에 대해 얘기하고 5차 산업까지 예고하고 있는 지금, '아동친화도시'라는 이름에 걸맞은 도시를 만들려면 아이가 마음껏 뛰놀고 꿈꾸도록 해야 한다.

내 아이가 잘 자라고 있는지 궁금하다면 또래들과 얼마나 잘 어울려 놀고 있는지 살펴보면 된다. 아이는 놀이를 통해 학교에서 배우는 것보다 더 많은 것을 배운다. 아이가 밝고 건강하게 자라기를 바란다면 '놀 권리'를 보장해주어야 한다. 이러한 아동의 권리 보장도 우리가 살펴보아야 할 아동 복지 정책 중 하나다.

또 청소년이라면 누구나 교육 복지 혜택을 받아야 마땅하지만, 학교에 소속되지 않으면 그 혜택에서도 소외된다. 그래서 학교 밖 청소년들의 교육은 난항을 겪을 수밖에 없다. 청소년 교육 문제는 제도이기 이전에 사회의 도덕적 책임이다. 학교 안이든 학교 밖이든, 이 나라의 청소년이라면 누구나 교육 복지 혜택 안에서 배우고 성장해야 한다.

✳

부산형 사전 협상안 제1호 한진CY 개발 부지

2021년에 접어들어서는 임시회의에서 지역 현안을 많이 다루었다. 도시개발의 핵심으로 대두된 부산시 서전 협상안 1호 한진CY 부지 개발 계획을 두고 공공성과 투명성을 확보하기 위해 관계자들과 지역사회가 만나 협상을 하였다.

한진CY부지 개발 계획은 부산 1호 사전 협상형 개발인 만큼 앞으로 남은 다른 사전 협상에도 영향을 미칠 것이기에 그 첫 단추를 잘 꿰는 일이 무엇보다 중요했다. 도시 계획위원인 나로서는 참으로 말도 안 되게 돌아가는 부산시 한진CY 사전 협상안에 대해 치밀하게 파고들었다.

신문에 연일 대서특필되고 저녁마다 TV 뉴스를 도배했다. 특혜 논란과 졸속 협상이란 말이 끊임없이 나오고 있음에도 불구하고 사업자 측은 방어적인 사업 계획을 제안하고 부산시는 소극적으로 행정 절차를 진행했다. 한마디로 사업자가 점점 욕심을 부려 과도한 이익을 추구한다고 해도 부산시는 이러한 사태를 제재할 마땅한 대책을 갖고 있지 못한 상황이다.

환수한 개발 이익을 부산 시민들에게 돌려주는 것이 아니라 개발 업자 편에 서서 터무니없이 협상을 진행하고자 갖은 술수를 부렸다.

상업 기능과 주거 기능이 조화를 이뤄, '도시'가 중심이 아니라 '사람'이 중심인 개발이 이루어져야 한다. 신도시가 만들어지면 그만큼의 인구가 유입되면서 상가와 병원 등 편의 시설도 생겨나야 하고, 청년들의 일자리를 창출해서 청년들의 발과 마음을 붙잡아야 한다. 특히 초등학교 학생 과밀 현상은 물론 중학교 수 부족으로 진학, 배정 등의 지역사회 갈등이 불거질 게 뻔했다.

집을 짓고 도로를 만드는 것이 전부는 아니다. 지역주민이 편안하게 살아갈 수 생활 인프라를 먼저 구축해야 한다. 도시를 개발함에 있어 '더 크게, 더 많이'가 아니라 '보다 편리하게'가 핵심이 되어야 한다. 이러한 내용을 중심으로 시정 질문을 던지고 시정을 촉구했다. 한진CY는 아직 협상 단계에 있다. 더 따지고, 더 살피는 과정을 통해 그 개발 이익을 개발업자와 부산시 고위 공직자가 가져가는 것이 아니라 시민에게 돌려줄 수 있기 때문이다. 산, 강, 바다들은 특정 건설업자의 전용물이 아니라 시민들의 것이다. 시민들은 그들에게 우리 미래 세대들이 누려야 할 산과 강 바다를 맘대로 개발하자고 명 한 적이 없다.

*

기대와 우려가 공존하는 가덕도 신공항

2021년 2월, 가덕도신공항특별법이 통과되었다. 가덕도 신공항은 부 · 울 · 경의 미래가 달려 있는 성장산업이기도 하다.

신공항에 대한 논의가 시작되고 20년 가까이 표류하는 동안 많은 일이 있었다. 그러면서 밀양 신공항, 가덕도 신공항, 김해 공항 확장 등 다양한 명칭으로 불렸다.

그러다가 마침내 2021년 2월에 특별법이 통과되면서 '가덕도 신공항'으로 명칭이 확정되었다. 그러나 오랜 시간 동안 서로 다른 이름으로 불려왔기 때문에 아직도 개인이나 기관들이 제각각 서로 다른 명칭을 사용하고 있다.

이름이나 명칭은 그 존재에 의미를 부여한다. 가덕도신공항에 대해 기대와 우려가 공존하는 가운데, 규모와 역할을 가늠할 수 있는 정식 명칭이 통일되어야 혼란스럽지 않다. 그래서 우리라도 정확하게 바로 불러야 한다고 촉구하고 나선다.

✳ 지역대학의 위기는 예견 되었다

올해 교육 분야의 최대 이슈는 '지방에 있는 국공립대학 정원 미달' 문제였을 것이다. 학령 인구가 줄어든 것도 문제지만, 서울지역 상위권 대학이 정시모집 인원을 늘리면서 재수를 택하는 학생 수가 늘어난 데도 원인이 있다.

이것은 비단 부산만의 문제가 아니라 전국 지방대학의 문제이기도 하다. 9개 거점국립대 중 8개 대학이 입학 정원을 채우지 못했고, 의대와 한의대를 보유한 지방 주요 사립대학들도 충격적인 미달 사태를 기록했다. 국공립대학이 이 지경이다 보니 전문대는 말할 필요도 없었다. 지역 대학의 위기는 지역사회의 경제·문화와 직결돼서, 대학을 중심으로 형성된 상권과 문화시설이 타격을 받게 된다.

부산을 지키기 위해서라도 지역대학의 위기를 극복할 실효성 있는 방안이 필요하다. 지역대학 위기는 이미 오래 점부터 예견된 재난이었다.

나에게 왜 그렇게 질문을 많이 하는지 묻는 사람이 있다면 나는 오히려 그에게 묻고 싶다.

"왜 질문하지 않으세요?"

이해가 안 되면 공부해야 한다. 질문해야 한다. 합리적이지 않으면 지적해야 한다. 바꿔야 할 문제점이라면 건의해야 한다. 그러다 보니 나는 자연히 말이 많아질 수밖에 없다. 어쩔 수 없다. 궁금한 게 많고 할 일이 많아서 말 많은 아줌마 시의원. 그래서 나는 그런 시의원이 기꺼이 되고자 한다.

구의원이든 시의원이든, 그 자리는 좋은 대학을 나오거나 돈이 많다고 해서 앉을 수 있는 자리가 아니다. 주민들이 한 표 한 표 찍어서 만들어 준 자리다.

그분들이 후에 나를 평가할 때 '회의장에 코빼기도 안 비치는 의원', '멍석 깔아놓으면 말 한마디 못하는 의원', '그래 놓고 마치 일은 자기가 다 한 듯 번드르르하게 치장만 하는 의원', '모든 일을 자기가 한 것처럼 현수막이나 걸고 페북에 글이나 올리는 의원'이란 소리는 듣고 싶지 않다. '이순영'이라고 하면, 따질 건 따지고 할 말은 똑 부러지게 일하는 의원, 뽑아줬더니 밥값 제대로 하는 의원으로 기억되고 싶다.

제 4 장

이 시대, 오늘을 살아가는 우리는

1

코로나 19,
지금 할 수 있는 것은 무엇인가

벌써 2년째다. 우리나라는 물론 전 세계가 제자리에 멈춰서 버렸다. 국제보건기구WHO에서는 코로나19를 팬데믹감염병의 세계적 유행으로 선포했고, 세계인은 백신과 치료약 개발에 촉각을 곤두세우고 있다.

코로나19 발생 이후 우리의 일상도 크게 바뀌었다.

퇴근 후 동료들과 어울려 2차, 3차에 노래방까지 가던 회식 문화가 사라지고 직장인은 퇴근 후 곧장 집으로 돌아간다. 모임을 갖는다고 해도 영업장이 10시 이전에 문을 닫고 인원수도 제한을 두고 있으니 아예 만날 엄두조차 못 내는 실정이다.

내가 맡은 소관 상임위원회는 교육위원회다. 그러다 보니 코로나 확진자 수가 몇 명인지, 어느 지역이 몇 단계를 적용하고 있는지 등에 신경을 많이 쓴다.

주 5일 등교하던 학생들은 이제 학교에 가는 날보다 집에서 온라인 수업을 하는 날이 더 많아졌다. 부모님들은 학생들의 밀집도를 낮춰달라고 아우성이고, 단체급식을 위해 식당시설을 요구하던 학부모들은 이제는 교실 배식을 해달라고 민원을 넣는다. 옛날 1970년대 처럼 오전 오후반으로 나눠서 등교하자는 요구도 있다.

학년이 얼마 남지 않은 시점이지만 선생님과 친구들을 봐도 서먹서먹하다. 교실에서 마스크를 벗으면 선생님도 아이들도 서로 알아보지 못하는 상황이 되버린다. 초등학교 저학년의 경우 사회성이 떨어지고, 한창 말을 배워야 하는 월령의 아기들은 선생님이나 부모님들의 입모양을 보지 못해서 언어 발달이 늦어진다는 연구 결과도 나왔다.

2020년에 2년제 대학에 입학한 신입생들은 수업 한 번 제대로 듣지 못한 채 대학을 졸업하게 생겼다. 특히 여럿이 모여 하나의 작품을 만들어내는 공연학과 학생들은 작품 하나 못 만들어 보고 졸업하게 됐다면서, 졸업 이후가 더 걱정이라는 말을 한다.

명절에 온가족이 모여 떠들썩하게 즐기던 문화도 사라졌고, 피서나 휴가 때 외국 여행을 가는 것도 추억 속 얘기가 돼버렸다.

이렇게 문화가 바뀌면서 '포스트 코로나', '위드 코로나' 란 말이 솔솔 등장했다. 우리가 원했던 것은 아니지만 대면 접촉을 꺼리는 언택트 문화의 확산과 원격교육, 재택근무 등 사회 전반에 걸쳐 큰 변화가 일어났다.

사실, 앞으로도 문제지만, 지금 당장 발등에 떨어진 문제 또한 무시할 수 없다. 급격한 변화를 받아들일 준비가 안 된 상태인데 자구책까지 마련해서 대응하고 살아남아야 하는 상황이다. 백 세 넘으신 어르신도 이런 세상은 살아본 적이 없으실 것이고, 세계적인 석학이나 투자가도 이렇게 막막한 일상을 예측할 수 없었을 것이다.

이러한 혼동의 시기에 우리가 할 수 있는 일은 무엇일까?

'코로나 백신을 맞아야 한다', '안 맞겠다' 의견이 분분한 가운데, 백신을 맞는 사람에게 질문하면 거의 대부분 비슷한 대답을 할 것이다.

"건강하신 분이 뭐 그렇게 서둘러서 백신을 맞으려고 하세요?"

"저 때문에 맞나요? 다른 사람들 때문에 맞지."

코로나19는 누구나 걸릴 수 있지만, 실제로 자기가 걸릴 것이라 생각하는 사람은 많지 않다. 물론 백신을 맞는 1차적인 이유는 자신을 위해서다. 하지만 단지 그 이유 때문이라면 귀찮아서, 시간이 없어서, '설마 내가 걸리겠어' 하는 생각에 굳이 서둘러서 백신을 맞으려고 하지는 않을 것이다. 그간 해마다 독감백신을 맞으라고 말해도 건강한 성인 중 실제로 독감백신을 맞는 사람은 거의 없었던 것처럼 말이다.

코로나 백신은 상황이 좀 다르다. 전염성이 심각하고 사망률도 높으며 후유증도 남는다. 그간의 독감처럼 받아들일 수 있는 문제가 아니다. 원인을 알 수 없는 집단 내 감염이 대부분이다 보니 내가 조심하지 않으면 그 피해가 고스란히 가까운 주변인에게 돌아간다. 내가 아니라 '우리'가, 우리 사회가, 우리 아이들이 심각한 질병에 무방비로 노출되어 있는 상황이다.

감염을 제지하지 못할 경우, 코로나 바이러스가 전국으로 확산되는 것은 시간문제다. 택배도 멈추고 아무도 그 지역에 발을 딛지 않으려 할 때, 서둘러 대구행 KTX에 오른 사람들이 있었다.

병실도, 의료진도 모자란다는 뉴스를 듣고 전국에서 모여든 의료진이 무려 500명이 넘었다. 가족의 근심과 걱정도 뒤로한 채 히포크라테스의 후예들이 나선 것이다.

사람들은 시시각각 전해지는 대구 뉴스를 보면서 마음의 동요를 일으켰다. 마스크 쓰고 집 밖으로 안 나가는 것으로 소극적인 방어를 하던 사람들이 도시락을 만들어 배달하고 마스크와 물자를 모아 보냈다. 방호복으로 무장을 한 채 땀을 줄줄 흘리면서도 자원봉사를 멈추지 않았다.

그렇게 대구 사태를 진화하는 데 모두가 힘을 보태는 그 가운데, 우리 국민 모두가 하나로 연결되어 있다는 연결감이 생겨났다.

코로나 바이러스는 '우리'에 대한 내 생각을 바꾸어놓았다. 우리 모두 준비도 되지 않은 미래가 생전 경험도 상상도 하지 못했던 일을 숙제처럼 내놓고 풀어야 되는 인류 공동체의 큰 숙제. 이로 인해 세계는 하나같이 백신 개발 연구에 온 힘을 쏟았다.

이제 코로나에서 살아남은 사람들은 마치 노아의 홍수에서 살아난 동지애마저 느껴진다. 이미 세계는 너와 내가 서로 지켜 주어야 할 운명 공동체이다.

내 가족만 피해가면 된다는 생각에서 내 이웃, 우리 국민, 더 나아가 이 세계가 안전해야 하고, 그러기 위해서는 자국의 이익만 실현할 것이 아니라 지구에 사는 모든 생명체가 운명 공동체임을 자각해야 함에도 불구하고, 자국의 이익을 앞세우는 세계 열강의 셈법은 더욱 치열해진다.

백신이 개발되자 또 부자 나라, 가난한 나라로 나뉘고, 자국에서 남아도는 백신을 스와핑하고 선심 쓰듯 다른 나라에 내어놓기도 한다. 백신을 확보하지 못한 나라는 유통기한이 지난 백신이라도 확보하려고 치열하게 외교전을 펼친다.

세계인의 왕래가 끊긴 지금에서는 전 세계인이 '코로나 바이러스로부터 안전해야 나도 안전할 수 있다' 는 지구공동체 의식을 갖게 되었다. 아무리 강조해도 와닿지 않던 지구시민 의식이 1, 2년이라는 짧은 기간 동안 절실하게 와닿는 계기가 되었다.

혼자서는 불가능하지만 우리가 힘을 합하면 가능하리라는 기대감이 생겼고, 나만 힘든 게 아니라 모두 힘드니 우리 함께 힘을 내자는 격려가 절실히 필요했다.

그렇다면, 지금 우리가 할 수 있는 일은 무엇일까?

정치인은 정치인대로 고민하고, 공무원은 공무원대로 노력하고, 개인은 개인대로 해결책을 찾고 있다. '우리를 위해 지금 나는 무엇을 할까' 를 두고 각자의 자리에서 골몰하고 있다. 이 위기의 상황에 우리 같은 정치를 하는 의무 이행자들의 역할이 더욱 요구되고 있는 것이다.

2

사람 냄새 나는 북구 사람

대한민국 제2의 도시이자 제1의 무역항이 있는 곳. 바로 부산이다. 그리고 나는 부산시 16개 구·군 중 '북구'를 지역구로 하고 일을 하고 있는 시의원이다. 우리나라는 대의민주주의다. 우리 주민들은 바쁜 자신들을 대신할 일꾼으로 나를 선택해주셨다.

"세상에서 가장 힘든 일은 사람의 마음을 얻는 일이야."

생텍쥐페리는 《어린왕자》에서 이렇게 말했다.

사람의 마음은 돈으로 사지 못하기 때문에 아무리 돈이 많은 재벌이라고 해도 대통령이 되지 못한다. 세상에서 가장 힘든 것이 사람의 마음을 얻는 일이고, 그것이 바로 선거이다.

그러나 우리나라 국민들은 선거를 통해 자신의 일꾼을 직접 뽑아놓고는, 일단 일꾼이 정해지면 주인이 먼저 납작 엎드리고 일꾼이 상전 노릇을 하는 것이다. 이것이 대한민국 정치이다. 일 잘하라고 뽑았으면 일을 잘하는지 못하는지, 주인의 눈으로 살펴야 한다. 굽신굽신 눈치 보지 말고 주인으로서 당당해야 한다.

'아! 난 정치에 관심 없다!' 라는 말은 자랑이 아니다. 대한민국 국민으로서 직무유기다. 정치에 관심을 가져야 하는 이유는 의외로 간단하다.정치는 내가 낸 세금으로 나라 살림을 하는 것이다. 내가 낸 세금이 우리 아이들의 교복이 되고, 학교에서 먹는 급식의 질을 결정하며, 우리 아이들의 수학여행비가 된다.

부산은 각 지역마다 자랑 삼을 명물이 넘쳐나고 특별하지 않은 곳이 없다. 내가 살고 있는 북구도 그러하다.

나는 '교육만이 변화를 가져올 수 있다' 고 믿는 사람이다. 그래서 부산시 교육위원회 위원장이란 직함에 더욱 책임감을 느낀다. 이 책임감은 북구 사람으로서, 북구의 교육열에 대한 자부심이기도 하다.

북구는 다른 어느 지역보다 일찍 근대교육 기관이 들어섰고 구포나루를 중심으로 부산의 물산이 한군데로 모이는 상업지역으로도 유명하다.

지금으로부터 114년 전인 1907년, 일본제국이 대한제국을 침략해 고종이 강제 퇴위되는 등 혼란과 격변의 시기에 선각자들이 일어섰다. 나라가 풍전등화의 위기를 겪고 있으니 가만히 앉아서 지켜볼 수만은 없었던 것이다. 이 나라를 구하고 지킬 인재가 필요했다.

서당에 앉아 한문 공부를 하던 사람들이 신학문을 익힌 일제를 상대하기에는 역부족이었다. 늦었지만, 신학문을 배워 일제에 대응할 힘을 키워야 한다고 판단했다. 그래서 신학문을 배울 수 있는 학교 건립에 나선 것이다. 구명학교현 구포초등학교는 이렇게 해서 세워졌다.

현 구포초등학교는 26인의 선각자가 나서서 학교 건립의 필요성을 외치고, 지역의 유지들이 십시일반 뜻을 모아 건립했다는 것에 큰 의미가 있다. 일제 강점기 시절에도 그 지독한 감시와 탄압에 굴하지 않고 인재 양성에 기여한 이 학교가 우리 북구에 있다는 것이 가슴 뻐근한 자랑거리다.

이뿐만이 아니다. 북구 구포 인근에 중등교육기관이 없는 것을 안타깝게 여긴 한 사업가가 나서서, 현 구포중학교 자리에 이 지역 최초의 중등교육기관을 설립했다. 이때가 1953년이니, 어연 70여 년의 전통과 역사가 북구의 자존심을 우뚝 세우고 있다.

굳이 '학이시습지學而時習之 불역열호不亦說乎'를 들먹이지 않아도, 교육만이 변화를 가져올 수 있다는 나의 생각도, 어쩌면 부모님의 부모님 혹은 그 부모님 이전으로 거슬러 올라가, 금정산 상계봉을 따라 백양산 정기를 품고 뻗어 내려오는 것이 아닐까 싶다.

북구의 또 다른 자랑이라면, 예부터 사람과 돈이 모이고, 문화와 문화가 만나고, 새로운 문화와 정보가 가장 먼저 들어오던 '물류의 중심지'였다는 것이다. 우리 동네 북구는 '구포', '덕천'이라는 지명에서 알 수 있듯 포구와 하천이 발달했으며 낙동강 물줄기와 길게 맞닿아 있다. 자동차가 생겨나기 이전에는 물자를 대부분 뱃길을 이용해 각 지역으로 운송했다. 이때 강원도에서 발원한 낙동강은 경상북도와 경상남도를 거쳐 부산 구포까지 이르며 강 주변에 나루가 생겨 지역 상권에 큰 영향을 미쳤다. 이후 일제강점기 때 경부선 철도가 구포, 밀양, 대구를 지나면서 육상을 이용한 물류에도 큰 몫을 담당했다.

낙동강을 따라 나루가 생기고, 나루에서 물자를 내리면 그것을 거래하는 장소로 시장이 들어섰다. 그래서 강을 따라 구포시장, 구남시장, 구포축산물시장이 생겨났다.

특히 구포 5일장은 지금도 전국적으로 유명하다. 시장에는 어류는 물론이고 각종 나물과 한약재까지, 물자가 풍성하고 인심이 후하다. "구포장에서 못 구하면 대한민국 어디에도 없다"는 말이 있을 정도로 구포 5일장에는 없는 것이 없다.

물류의 중심지라는 말은 그만큼 풍부한 자본이 있고 다채로운 문화가 발달했다는 뜻이기도 하다. 상업중심지 답게, 경부선 구포역과 지하철 3호선 구포역 사이에는 일제강점기 때 문을 연 첫 지방 민족은행인 '조선상업은행 구포지점' 터가 있다.

은행 이름이 여러 차례 바뀌긴 했으나, 그 자리에 현재 우리은행 구포지점이 있다. 은행 앞에 세워진 머릿돌에는 "우리은행 구포지점은 1912년 9월 21일 개점한, 부산에서 가장 오래된 은행입니다"라는 문구가 쓰여 있다.

북구에는 다른 지역보다 다채롭고 많은 문화 행사가 열리고 있고, 곳곳에 문화와 관련된 학습관이 세워져 있다. 아파트의 그늘에 가려 차츰 빛을 잃어가는 것이 안타깝지만, 그럼에도 불구하고 뜻을 같이하는 주민들이 있어 가치가 커지는 것이 아닌가 싶다. 대리지신 밟기와 낙동강 달집 태우기 등은 풍류와 예술이 문화로 이어지는 북구를 만들기 위해, 주민들의 자발적인 참여로 전승되고 있다.

금정산 맑은 물은 계곡을 흘러 애기소를 만들고 대천천을 거쳐 낙동강으로 흐른다. 강을 지키고 마을을 지키는 대천천 네트워크는 우리 아이들에게 개울을 돌려주고 있으며, 생명의 소중함을 교과서에서 배우는 것이 아니라 실재로 체험하고 들여다보면서 우리 아이들의 꿈도 함께 자란다. 대천천은 북구민들의 쉼터가 되고 우리 아이들의 깔깔거리는 웃음소리를 찾아주는 건강한 공원이다.

대천천을 산책하다 보면 주민들의 삶이 엿보인다. 주말에는 가족 단위로 돗자리를 펴고 앉아서 캐치볼도 하고, 그늘막을 펼친 채 한가롭게 누워 음악을 듣는 사람도 보인다.

여름이면 대천천 수변공원과 대천천 계곡, 대천천 유원지에 물놀이용품을 들고 나온 아이들이 가득하다. 야트막한 여울에서 물장구를 치는 아이들의 모습은 예나 지금이나 티 없이 맑다.

봄여름에는 대천천 누리길에 조성된 수국꽃길에서 사진을 찍으려는 인파가 줄을 잇는다. 연인이든 가족이든 웃음 가득한 누리길에서 추억을 쌓는 이들을 보고 있으면 나도 저절로 웃음이 난다. 누리길 전망대에 오르면 녹음 우거진 전망을 맘껏 즐길 수 있다. 멀찍이 산과 산이 첩첩 이어지는 마운틴뷰, 전망대 바로 아래쪽의 계곡 뷰를 보고 정자에 누워 하늘 한 번 올려다보면 일상의 피곤함이 싹 날아간다.

낙동강 낙조길과 이어지는 부산화명수목원은 부산 최초의 공립수목원으로, 생태체험학습의 장이자 다양한 숲 체험 프로그램을 즐길 수 있는 곳으로 인기가 높다. 수목원 홈페이지에서는 식물에 대한 다양한 정보를 제공하고 있으며 공고를 통해 자생식물을 분양하는 행사도 하고 있어서, 식물 애호가들의 성지가 되고 있다.

세월이 흐르면서 도시가 개발되고 북구의 여러 지역이 새롭게 변화하고 있다. 주택난을 해결하기 위해, 보다 편리한 교통시설을 갖추기 위해 산을 깎아내고 강을 막았다. 추억과 향수가 깃든 마을이 흔적도 없이 사라지고 그 자리에 빌딩 숲이 들어선다. 그러나 그것을 아쉬워하는 사람이 있고 반면에 개발을 반기는 사람도 있다. 세상일이란 것이 한쪽이 만족스러우면 한쪽이 불편하기 마련이다.

부산 교육청 개소식

나 또한 마찬가지다. 반가우면서도 아쉽고, 아쉬우면서도 고맙다. 옛 북구의 모습을 고스란히 보전하지는 못했지만, 그 자취를 남기고 선인의 정신을 기리고자 노력하는 관계자들의 노고가 고스란히 느껴진다.

부산 교육청 개소식

부산 교육청 개소식

3

부산 북구에서
K-투어가 시작된다

　　'부산' 하면 '국제영화제'가 떠오를 만큼 부산은 이미 국제도시로 이름나 있다. 외국인을 대상으로 한 설문에서 '한국 방문 시 가장 가보고 싶은 도시'로 서울이 61.4%, 두 번째가 부산으로 34.3%를 차지할 만큼 인기도 좋다. 그 덕에 관광 정보도 많이 소개돼 있고 여행 편의시설도 잘 갖춰져 있다.

　　그중 북구는 부산에서 비교적 잘 알려지지 않은, 숨은 명소를 품고 있는 지역이다. 부산의 대표 관광지인 해운대, 태종대, 자갈치시장을 둘러봤다고 해서 '부산 여행을 다녀왔다'고 말하기에는 뭔가 2% 부족하다. 우리나라의 역사와 문화가 살아있는 북구의 명소. 그곳에서부터 부산 여행이 시작된다.

　　북구는 〈새로운 북구 명칭 공모전〉 등을 통해 이미지 변신을 시도하고 있다. 동, 서, 남, 북, 상, 하, 좌, 우, 중 등 지역의 특성이 전혀 반영되지 않은 명칭, 어느 도시에나 있을 법한 그런 명칭이 아니라 북구의 지리적 · 역사적 · 문화적 특징이 반영된 새 이름이 필요하다는 판단 하에 대대적인 공모전을 펼쳤다. 시민들은 새로운 명칭에 익숙해질 때까지 혼란스러울 테고 행정구역명이 바뀌는 데 대한 비용을 생각하지 않을 수 없지만, 장기적인 안목으로 시민 의견을 반영해 결정한 일이다.

시민공모전을 통해 북구의 명칭 공모도 있었지만 모두가 만족하는 명칭을 찾지 못했다. 앞서 이야기한 것처럼 교육도시 북구답게 지금의 북구를 Book구로 읽으면 된다. 그러나 지역의 명칭을 바꾸는 것보다 중요한 게 있다. 실제적인 북구의 변화다. 이름은 바뀌었는데 주민들의 삶에 아무런 변화가 없다면 예산 낭비라는 지적을 면치 못할 것이다.

북구는 많은 유적과 관광명소를 보유하고 있음에도 관광도시의 이미지와는 거리가 멀다. 오히려 개발 신도시처럼, 특색 없이 무난한 느낌이다. 그래서 나는 부산 북구를 '역사와 자연이 살아 있는 관광도시', 'K-투어의 출발점'으로 주목받는 도시로 만들고자 한다.

역사유적, 문화에 관심이 있는 관광객이라면 구포만세거리, 구포시장, 고려사찰, 만덕사지, 석불사, 구포왜성 등을 둘러볼 수 있는 코스와 부산시립박물관까지 하나로 묶어 관광할 수 있도록, 투어버스 노선을 만들어봄 직하다. 해운대까지 연결되는 대심도가 준공을 눈앞에 두고 있다. 부산어촌민속관도 어촌 문화를 엿볼 수 있는 이색적인 기념관이다. 반송의 삼절사에 위패가 봉안되어 매년 제사를 모시는 임란장군 양통한과 김기장군의 묘소도 만덕산 자락에 있다. 또한 '세상에 이런 일이'에 나온 지하 9층인 만덕 지하철역도 북구에서 잘 키워 봄직한 관광 콘텐츠다.

자연경관을 둘러보며 여유 있는 산책을 하고자 한다면 화명생태공원과 수목원, 금정산성 둘레길, 대천천 거님길, 가람낙조길, 구포무장애숲길 등 부산의 자연경관을 둘러보며 여유로운 시간을 보낼 수 있다. 아기자기한 자연풍광을 즐기면서 사진을 찍어 SNS에 올리거나 '북구 10경'을 선정해 스탬프 투어를 하도록 독려한다면 지역 홍보에 큰 도움이 될 것이다.

먹방 여행을 즐긴다면 만덕동으로 발길을 돌리는 것이 좋다. 먹방 여행은 소상인들의 가게 운영에 직접적인 도움을 줄 뿐만 아니라 지역경제 활성화에도 영향을 미친다. 그러므로 특화된 음식을 만들고 홍보할 필요가 있다.

제1만덕터널에서 만덕고개까지 길게 이어지는 등산로를 따라

'만덕민속오리불고기단지'가 조성돼 있다. 동일 업종의 점포 20여 곳이 모여 저마다의 비법으로 오리 보양식을 만들어 판매하고 있는데, 경쟁 구도가 아니라 상생의 대상으로서 함께 축제도 개최하고 있다. 백종원이 다녀가서 유명해진 만덕 시장 안의 돈까스도 빼놓을 수 없지만 바로 앞에 수 십년 된 손칼국수집은 구수한 멸치 국물이 일품으로 그냥 지나치면 후회할 일이다.

북구 보양식으로 장어를 빼놓을 수 없다. 금곡동은 한때 장어마을이 생길 정도로 장어가 유명했다. 민물장어 대부분을 양식하는 지금이야 상상도 할 수 없는 일이지만, 1980년대까지만 해도 낙동강에서 갓 잡은 장어가 식탁에 올라왔다. 세월의 흐름과 도시 발전의 여파로 둑이 생기고 아파트가 들어서면서 자연산 장어가 사라진 지금도 맛의 비법을 전수받은 후대들이 장어집의 명맥을 이어가고 있다. 장어를 먹기 위해 일부러 금곡동까지 오는 손님들 대부분이 20~30년 된 단골이다.

장어는 비교적 고가임에도 불구하고 보양음식으로 선호하는 사람들이 많다. 그러므로 더 많은 사람이 관심을 갖고 접근할 수 있도록 요리경진대회를 개최하고, 특화된 식당에 명가 인증을 내주는 등의 지원책이 필요하다. 금곡동은 장어집 뿐만 아니라 금곡제일종합시장 안에 있는 맛집들도 유명해서 식도락가들 사이에서 성지로 손꼽히기도 한다. 금곡제일종합시장처럼, 북구에 있는 모든 재래시장은 거의가 먹거리 천국이다. 구포시장의 구포국수와 장국밥, 그리고 반건조 생선구이, TV프로그램에도 소개되었던 만덕시장의 돈까스, 덕천시장의 꽈배기와 칼국수 등 누구나 좋아하는 것들이 '천지 삐까리' 다.

각 재래시장에 특화음식 코너를 만들어 역사 속 먹을거리를 재현한다면 관광지로서 조금 더 부각되지 않을까 싶다. 구포만세거리 노포에서 파는 만두와 돼지국밥은 대를 이어온 맛으로, 부산 여행객들이라면 반드시 들러야 할 맛집 중 한 곳이다.

부산 바다를 더욱 멀리까지 내다보고 싶은 여행객에게는 등산을 강추한다. 금정산과 백양산을 오르는 길목에서 내려다보는 부산의 바다는 또 다른 풍경을 자랑한다. 높이 오를수록 멀리 내다보인다는 사실을 잘 알기에, 오르는 길이 힘들지만은 않을 것이다. 땀흘린 자에게만 내어 주는 자연 풍광에 그저 경이로운 감탄사만 연발하게 될 것이다.

산행을 미리 계획하고 갔다면 금정산을, 아이가 있거나 체력이 뒷받침되지 않는다면 백양산을 오르는 것이 좋다. 등산 코스가 잘 닦여 있으므로 위험하거나 어렵지는 않지만, 백양산의 경사가 낮고 코스가 짧아 부담 없이 오르내릴 수 있다.

"구슬이 서 말이라도 꿰야 보배"라는 속담이 있다. 아무리 훌륭한 관광자원을 가지고 있다고 해도 관광지로 개발하지 못하면 그냥 동네 뒷산이요 맛집일 뿐이다. 북구를 널리 알리고 관광지 개발을 통해 지역 경제를 활성화하려면 구슬을 꿰는 작업을 해야 한다. 그래야 북구의 '보배'로 재탄생할 수 있다.

'북구'라고 했을 때 서울, 광주, 대구 등이 떠오르기 전에 "아, 부산시 북구!" 책 읽는 도시 Book구로 만드는 일, 그것이 나의 과제이기도 하다.

✳ 사람 사는 세상, 우리들의 꿈 터

문재인 대통령 후보 지지유세단

'문재인의 약속, 북구에 담다'

2018년 제8대 지방선거 이순영 시의원 후보의 슬로건이다. 이렇게 슬로건을 내걸자 상대방을 지지하는 어느 유권자가 전화를 걸어 악다구니를 쳤다.

"문재인이 북구에 무슨 약속을 했는데, 뭘 해준다 했는데! 대봐라, 어디!"

뭐가 그리 분한지 고래고래 고함을 치며 따지고 들었다.

2017년, 제19대 대통령 문재인의 슬로건은 '나라를 나라답게, 든든한 대통령' 이었다. '나라를 나라답게 만드는 일' 에 북구만 쏙 빼고 만들자는 뜻은 아니었을 것이다. 당시 대통령의 공약에는 부산을 동북아 해양수도로 육성하겠다는 것과, 울산을 미래형 글로벌 산업수도로 만들겠다는 내용이 있었다. 그리고 "경남을 동남권 경제 혁신의 중심지로 육성하겠습니다" 도 있었다.

이렇게 대통령의 공약을 중심으로 보면 부·울·경 메가시티 건설에 북구가 정중앙에 있다. '문재인의 약속, 북구에 담다' 라는 슬로건은 대통령의 그 약속이 잘 지켜질 수 있도록 노력하겠다는 말의 은유적 표현이기도 했다.

천혜의 자연 경관을 자랑하는 북구만 있어도 참 좋을 일이다. 특히 부산, 경남, 울산의 지도를 펴놓고 보면 북구는 가장 한가운데 위치한다. 그만큼 부·울·경을 얘기할 때 북구의 중요성을 빼고는 논의 자체가 어렵다는 뜻이기도 하다. 방위로 정해진 명칭 때문에 혹은 전국의 '북구'라는 명칭을 가진 기초단체가 모두 열악한 재정 상태라서, 우리 북구도 구 명칭 변경을 시도하는 중이기도 하다.

특히 북구는 정치적 성지다. 서울 종로가 정치 1번지라면 부·울·경 중 부산 북구는 명실상부한 대한민국 정치의 성지다. 대선이든 총선이든 지방 선거든, 선거가 시작되면 전략적 요충지를 빼앗기지 않기 위해 여와 야가 피 터지는 전쟁을 벌이는 곳이기도 하다. 북구는 북구와 강서구를 합쳐 북강서 갑, 을로 나뉜다.

내가 살고 있는 북구는 말할 것도 없고 특히 강서구는 노무현 대통령의 지역구이다. 노무현 대통령 선거 당시, 내가 처음 노무현을 지지하며 마이크를 들었고 그곳에서 노무현 대통령이 당선되었다. 낙동강을 사이에 두고 북구와 강서로 나뉘고 부산과 경남이 어울렁더울렁 살아가는 부·울·경의 중심이 바로 북구인 것이다.

선거철이 되면 구포장에서는 치열한 유세전이 펼쳐진다. 2012년 노무현 대통령도 사상구 국회의원으로 출마를 하셨다. 북강서 갑은 지금 재선의원으로 왕성한 의정 활동을 하고 있는 전재수 국회의원 지역구이기도 하다.

경남 양산, 북구, 김해, 사상, 사하는 낙동강 벨트로 반드시 사수해야 할 요지다. 여기서 허물어지면 안 된다. 사상구 국회의원으로 출마하셨던 문재인 대통령이 전재수 의원을 지지하러 우리 북구로 지원 유세를 오신 적이 있다. 당시 우리는 기호 2번이었고, 노두 노란색 점퍼를 입고 있었다.

나는 마이크를 들고 힘차게 외쳤다.

"사랑하고 존경하는 부산 시민 여러분! 그리고 북구 구민 여러분! 나라다운 나라를 만들어 갈 우리의 문재인 후보가 전재수 후보를 지지하기 위해 여기에 오셨습니다. 여러분과 함께 하기 위해 이곳 북구를 찾아주셨습니다. 여러분, 큰 박수로 환영해 주십시오."

내 말이 끝나자마자 사람들이 큰소리로 연호했다.

"문재인! 문재인! 전재수! 전재수!"

2012 전재수 국회의원 지지유세 현장

그야말로 역사적인 순간이었다. 나로서는 더없는 영광이었다. 한때는 노무현 대통령의 당선을 위해 마이크를 들었고, 그 다음에는 문재인 대통령의 당선을 위해 목이 쉬도록 외쳤다.

부산상고 선후배의 인연으로 우리의 정치사는 '노무현과 함께', '문재인과 더불어' 였다.

나는 민주당 부산시당 여성위원장을 세 번이나 맡았다. 그리고 2016년 국회의원 비례대표 후보이기도 했다. "비례대표는 감기도 안 걸린다"는 우스갯소리가 있다. 그만큼 자기 차례가 돌아오기 어렵다는 말이다.

제20대 국회의원 비례대표 후보 34번. 이것이 나의 공식적인 이력이다. 지금 현재 인천 미추홀구 지역위원장을 맡고 있는 남영희 위원장과 나는 2016년 총선 당시 국회의원 비례대표 후보였다. 남영희 위원장은 국회의원 비례대표 후보 33번이었고 나는 34번이었다. 이렇게 장황하게 설명하는 이유는 당시 비례대표 후보 맨 마지막이 34번이었기 때문이다.

다시 말해, 내가 꼴찌였고 남영희 위원장이 바로 내 앞 33번이었다. 남영희 위원장은 꼴찌가 아님에, 또한 꼴찌 이순영 바로 앞에 있음에 내 앞에서는 굉장히 뻐기며 놀렸다. 다른 사람들이 보면 도긴개긴이라 할지라도 그 의미는 사뭇 다른 것이었다. 꼴찌를 인정하며 여러 가지 권모술수와 당내 알력에 떠밀려 당선 가능 순위에 들어가지도 못하고, 어디 억울함을 호소할 데도 없었던 국회의원 비례대표 꼴찌들. 빽 없고 힘없는 우리는 설움을 삼키며 헤어졌었다. 비록 국회진출은 못 했지만 자랑스러운 재20대 국회의원 후보 민주당 비례 였음에도 감사한다.

이쯤에서 2017년 대선 이야기를 하지 않을 수 없다.

2017년 촛불 혁명이 있었고, 문재인 대통령이 이 나라의 대통령이 되었다. 당시 대선은 보궐선거라 홍보와 유세 기간이 촉박했다. 걷잡을 수 없는 소용돌이 속에서 대통령 선거가 시작되었다.

남영희를 다시 만난 건 문재인 대통령 후보 부산 서면캠프였다. 훤칠하고 예쁜 여성이 있었는데 누군가 물었더니 남영희라 했다.

"어? 남영희? 어디서 들어본 이름인데? 서울에 그 남영희?"

"어머, 언니!"

"니가 요오 우짠 일이고?"

우리는 누가 먼저랄 것도 없이 부둥켜안았다. 동병상련의 아픔이 있던 터라 동지를 만난 기분이었다. 남영희는 문재인 대통령의 선거 유세 지원을 위해 내려왔던 것이다.

지금은 동래구의회 의장인 주순의 의원님과 남영희, 나 이순영 이렇게 셋이서 문재인 대통령의 부산 유세를 도맡았다. 누가 먼저랄 것도 없이 우리는 의기투합했고 부·울·경 통틀어 한두 대 있을까 싶던 5톤 유세차를 맡았다. 아무도 인정해주지 않았지만, 우리는 자칭 '미녀 3인방' 이라 이름 지었다. 이 말에 "거기 미녀가 어딨냐" 며 "유언비어다"라고 놀려댔다.

유세팀에서 일정을 잡았고, 우리는 유세차의 뒤를 따르며 부산의 대형 로터리에서 지지 유세를 했다. 유세차 스피커는 워낙에 출력이 커서 작은 골목에서는 민원이 생겨 들어갈 수가 없었다.

나는 외쳤다.

존경하는 부산시민 여러분!
여러분의 손으로 세우는 새로운 나라!
새로운 대한민국 건설에 동참해 주십시오.
기호 1번 문재인과 함께 대한민국의 새 역사를 써내려 갑시다.

그리고 2017년 대통령 선거는 우리 세 명 외에도 절대로 빼놓을 수 없는 또 한 명의 숨은 조력자가 있었다. 그는 바로 고인이 된 나의 남편 박남태다.

우리가 유세차를 뒤따를 때 쉴 수 있도록 암 투병 중에도 운전을 자처했다. 길이 막혀 유세 시간을 못 맞출 때, 우리는 중간에 차를 버리고 냅다 뛰고 남편은 뒤늦게 차를 몰아서 다시 유세장으로 왔다. 남편은 유세차가 가는 곳마다 꼬리 차로 운전을 하며 유세팀을 도왔다.

새벽 유세부터 밤늦은 시각까지, 노무현·문재인 대통령을 위한 우리 부부의 헌신과 숨은 조력이 선거 상황실에 전해졌다.

서면 태화백화점 건너편 금강제화 앞에서 문재인 대통령의 마지막 유세가 있던 날이었다.

그날은 문재인 대통령께서 직접 부산의 유권자와 지지자를 격려하고 투표를 독려하기 위해 오시는 날이었다.

이 영광스러운 자리에 박남태 씨가 시민 대표로 지지유세를 하기로 예정돼 있었다. 그간 선거 과정에서 있었던 어려웠던 일화를 광장에 모인 시민들께 전달하는 지지 유세였다. 남편에게도 또 나에게도 참으로 영광스런 자리였다.

평소 말주변이 없는 남편은 원고를 써서 외우고 또 외웠다. 해병대 병장으로 제대한 남편은 문재인을 지지하지 않던 고향 친구들의 술자리에서 일장연설을 하고, 그 자리에 있던 보수 성향의 초등학교 동창들이 결국 문재인을 지지하겠다는 다짐을 받아낸 이야기를 시민들께 전했다.

먼발치에서 지켜보던 나는 남편보다 더 떨었던 것 같다. 평소 남편의 어투는 입안에 말을 넣고 우물우물하는 편이다. 그런 사람이 무슨 용기로 수만 명이 모인 그 엄청난 자리에서 마이크를 잡겠다고 했는지, 남편의 성향을 잘 아는 나로서는 그가 얼마나 큰 용기를 냈는지 알 수 있었다.

"애썼어. 잘했어요."

사실 별로 잘하지는 못했다. 그러나 엄지를 치켜세우며 잘했다고 말해주었다.

두 대통령의 당선을 위해 마이크를 들고 외칠 수 있는 사람이, 과연 몇이나 될까? 내 남편 박남태는 자신의 일처럼, 아니 자신의 일보다 더 열심히 치열하게 선거에 임했다. 남편이 연단에서 내려오고 잠시 뒤 문재인 대통령이 유세차에 오르셨다.

"여러분! 한 분, 한 분이 저 문재인이라고 생각하시고 선거에 임해 주십시오."

당시 문재인 대통령의 유세 내용 중 이 말씀이 아직도 선명하게 남아 있다. 내 남편 박남태는 그렇게 자신이 노무현이 되었고 문재인이 되어 살았다.

나는 시의원을 하면서 문재인 대통령의 선거공보 책자를 손닿는 곳에 비치해 두고 나를 뒤돌아보기도 한다.

제19대 대통령 문재인이 만들고 싶은 나라! 그것은 바로 '나라를 나라답게' 다.

당시 선거공보 책자 2쪽에 보면 이런 문구가 있다.

나라를 나라답게

대한민국 경제를 다시 설계해야 합니다.

'경제교체'를 통해 국민들 먹고 사는 문제를

근본적으로 바꿔야 합니다. 경제 패러다임의 중심을

국가나 기업에서 국민 개인과 가계로 바꿔야 합니다.

이를 통해 성장의 열매가 국민 개개인에게 돌아가는

'국민성장'의 시대를 열어야 합니다.

우리가 만들어야 할 새로운 대한민국의 핵심은 정의입니다.

정의는 정치, 사회, 경제의 모든 영역에서 함께

구현되어야 합니다.

정치적으로 진정한 민주 공화국,

사회적으로는 공정사회, 경제적으로는 국민성장이

새로운 대한민국이 가야 할 길입니다.

이런 대통령과 함께 꿈꾸는 세상!

지금 생각해보면 우리는 참 행운아다. 고 박남태. 내 남편은 아내에게 부끄럽지 않은 남편, 또한 아이들에게 당당한 아버지로 뜨겁게 살다 간 사람이었다.

4

그래도 할 말은 한다

"한 겹 거짓말은 거짓말이고, 두 겹 거짓말도 거짓말이나, 세 겹 거짓말은 정치다."

이것은 《탈무드》에 나오는 히브리 격언이다. 프랑스 전 대통령이자 정치인이었던 샤를 드골은 "정치인들은 자신이 말한 것도 믿지 않기에 다른 사람들이 그를 믿으면 놀란다"는 말을 했으며, 영국 속담에는 "강물이 없는데도 다리를 놓겠다는 사람이 정치인"이라는 말이 있다. 그만큼 정치인과 거짓말은 매우 가까운 듯하다.

나는 정치인이다. 2002년 고 노무현 대통령의 선거 연설원으로 정계에 입문하고 노사모를 거쳐 민주당 부산시당 여성위원장, 북구 의회 의원을 거쳐 시의원으로 활동하고 있으니 내가 정치를 시작한 것도 벌써 20년째다.

정치 활동을 하면서 내가 특히 중요하게 생각한 분야는 여성과 아이, 어르신을 위한 복지였다. 북구의 정책은 나의 외길 정치 인생과 일치한다. 정치인이라면 당연히 추구해야 할 중요한 사안이다. 하지만 더 나아가지 않고 여기에 머문다면 그것은 이순영답지 못하다.

나는 '잘 사는 북구, 부러운 북구' 를 만들고 싶다. 뒤에는 산이 있고 앞에는 강이 흐르는 전형적인 배산임수 지형의 북구는 우리나라 살기 좋은 곳 최우수상을 받기도 했다. 산 좋고 물 맑은 우리 마을 북구가 '살기 좋은 곳 최우수' 가 안 된다면 대한민국 어디에도 그럴 만한 마을이 없을 것이다.

아무리 작은 사회라 하더라고 갈등은 존재하므로 전 구성원을 만족시킬 수는 없다. 그러나 국민이 투표권을 포기하고 정치에 무관심해진다면 정치인은 누구의 입장과 의견을 대신해야 할지 길을 잃고 만다.

국민은 정치인에게 길을 제시하는 사람이다. 일꾼이 일을 잘하려면 주인이 일을 제대로 시켜야 하는 것처럼, 정치인이 일을 잘하려면 국민이 올바른 길을 제시해야 한다. 그리고 정치인은 시민이 그 길을 편안하고 안전하게 걸어갈 수 있도록 길을 만드는 사람이다. 서로가 상대방에게 무관심할 수 없는, 무관심해서는 절대 안

되는 관계인 것이다.

정치를 하는 사람과 유권자들 사이에 반드시 충족되어야 할 필요충분조건은 바로 '신뢰' 다. 유권자는 자신이 선택한 일꾼에게 일을 제대로 시킬 책임이 있고, 정치를 하겠다고 나선 일꾼은 주인을 위해 소리 높여줄 의무를 지닌다. 서로가 그 역할을 잘해줄 것이라는 신뢰가 있기에, 유권자는 투표 때마다 기꺼이 투표소로 향한다.

그렇다. 사람의 마음을 얻는 일은 세상에서 가장 어렵다. 돈이 아무리 많다고 해도 사람의 마음을 살 수는 없다. 그러나 돈이 아닌, 다른 것을 통해 사람의 마음을 얻을 수 있다. 그것이 바로 "선거"다. 정치인을 일꾼처럼 부리려면 국민이 현명하고 날카로워져야 한다. '일단 투표를 했으니 알아서 해라. 난 모르겠다' 하고 방관할 것이 아니라, 내가 뽑아 세운 일꾼이 제대로 일하고 있는지 아닌지 감시하고 때로는 매서운 회초리도 들어야 한다. 그것이 진정으로 나라를 사랑하는 길이요 이 땅에서 주권을 지키며 살아가는 방법이다.

선거는 선택이 아니라 주권자의 권리이자 의무다. 권리는 누리는 사람의 것이며, 의무는 자신의 것을 지키기 위한 최선의 노력이다.

2002년 노무현 대통령의 지지 연설원으로 나의 정치 이력이 시작되었다. 2004년 노무현 대통령의 탄핵 시기에, 이철 국회의원 후보 지지 유세를 위해 다시 마이크를 들었다. 2005년에 열린우리당이 만들어졌고, 2006년 현 북강서 갑 전재수 국회의원과 지방선거에 출마했다.

북구의회 의원을 거처 오늘에 이르기까지 기본을 지키며 뚜벅뚜벅 걸어 여기까지 왔다. 세상에서 가장 힘든 일은 사람의 마음을 얻는 일이라고 한다. 선거는 유권자들의 마음을 얻는 일이므로 어쩌면 세상에서 가장 힘든 일인지도 모르겠다. 누구를 싫어하는 것은 힘이 없다. 결국은 좋아하는 사람을 선택하는 것이 선거이기 때문이다.

나라 법은 국회에서 만든다. 그러나 국회의 법은 각종 이해관계에 얽혀 통과되지 못하고 폐기되는 경우도 많다. 이러한 점을 보완

하고 그 지역의 특색에 맞게 법적인 요건을 갖추는 일이 바로 조례다. 국회의원은 중앙에서, 시의원·구의원을 지방에서 조례를 만들 수 있는 각각의 입법기관이기도 하다. '각각의 입법기관' 이라는 말은 자기가 한 말과 행동에 책임이 따른다는 뜻이다.

내 삶의 실질적이고 구체적인 변화를 이끌어내는 것이 지방의회의 힘이다. 지방의원은 우리 지역의 살림살이를 살피고 미처 법이 미치지 못하는 곳에서 그 힘을 발휘한다. 그러므로 선출직들은 공약을 통해 공인으로서 시민들께 약속을 한다. 소리만 공허하고 알맹이가 쏙 빠진 공약空約이 아니라 그야말로 '공공公共의 약속約束' 을 말한다.

나는 부산시의회 의원으로 있으면서 많은 조례와 5분 발언 그리고 시민의 재산을 지키기 위해 시정 질문을 했다. 시의회 교육위원으로서 코로나 상황에 대비한 '원격수업지원조례' 와 부산시 교육청 취업지원센터 설치 운영에 관한 조례 등 다양한 조례를 대표 발의했다.

보편적 교육 복지 확대 시행에 대한 우리의 책임과, 고가의 교복에서 벗어나 생활 교복으로 전환하는 방안도 제시했다. 고등학교 무상 교육, 수학여행비 지원도 했다. 또한 근절되지 않는 학교 성범죄 관련 대책의 재검토를 촉구했고, 제273회 임시회 시정 질문을 통해 '학교 성범죄 예방 및 대처를 위해 전문적이고 체계적인 성교육 전문가 중심으로 TF팀 운영을 촉구' 했다.

나는 부산시 도시계획위원과 도시건축공동위원회이기도 했다. 그래서 부산시 사전 협상안 제1호인 한진CY 부지의 개발 이익금을 특정 개발업자가 아니라 시민들에게 돌려주어야 한다며 시정질문을 통해 문제를 재기했다.

이는 앞으로 일을 부산시 사전협상안에 대한 기준점을 마련했고 공공재를 개발업자가 아닌 시민의 재산으로 인식할 수 있었는데 대해 시의원으로서 보람을 느낀다.

코로나19는 우리의 삶에 많은 변화를 가져왔다. 코로나가 시작되자 각 학교는 학생들의 안전을 위해 수업의 형태를 비대면으로 전환했다. 그러나 학교 현장은 비대면 수업을 할 정도의 교육환경을 구축하지 못하고 있었다. 교과서에는 전자칠판에 대한 내용이 있었지만 학교 현장에는 전자칠판이 없었다. 선생님들도 이 낯선 환경에서 우왕좌왕할 수밖에 없는 상황이었다.

그러나 사회적 재난이 교육 재난으로 이어지는 것을 손 놓고 볼 수가 없었다. 나는 얼른 '부산시 교육청 원격수업 활성화를 위한 조례' 를 만들어 통과시켰다.

조례는 제정했고 사업을 하기 위한 예산을 지원하는 근거를 마련했다. 시급하고 신속한 조례를 통해 부산시 교육청은 '부산형 블랜디드 러닝' 사업을 활성화했고, 그 덕에 학생·교사·학부모들도 혼란스러운 비대면 교육환경의 변화를 덜 불편하게 받아들일 수 있었다. 이 조례는 우수의원조례로 선정되는 영광을 얻었다.

시의원이 구정 일은 뒷전이고 시정만 챙긴다면, 구민의 입장에서는 서운한 일일 수도 있다. 그러나 구정 또한 한순간도 허투루 임한 적이 없다. 나는 그날 받은 민원은 밤을 넘기지 않고 처리하는 편이다.

어느 국회의원은 동네 자그마한 하수구 정비도 자신이 했노라고 현수막을 건다. 그 현수막을 본 사람들이 나보고도 그렇게 하라고 조언을 해주기도 한다. 그러나 그것은 정당법과 지방자치법 사이에서 언제나 갈등이 일어나는 폐기물 환경 공해이기도 하다.

이러한 사업은 국회의원이나 시의원·구의원이 한 것이 아니다. 바로 국민이 해낸 것이다. 국민의 세금으로 이루어낸 것을 마치 자기가 나서서 다 한 것처럼 현수막을 내거는 것은 부끄러움을 모르는 행동이다.

현명한 유권자라면 현수막이나 내걸고 SNS에 자신의 치적을 자랑하는 선출직이 누구인지 판단할 것이다.

시민이 잘 사는 부산시! 구민이 잘 사는 북구!

이 둘은 '둘이 또 같이' 돌아가야 할 경제 운명 공통체다. '동서 균형 격차를 줄인다' 고 헛구호만 외칠 것이 아니라 실질적인 결과가 가시적으로 드러나도록 해야 한다. 그러기 위해서는 무엇보다 교육 혁신이 우선이다. 우리 북구의 우수한 인재가 중학교 2학년만 되면 동래로, 양산으로 빠져나간다.

'교육문화 특구' 라는 슬로건에서 보듯이 북구는 교육 발전의 바탕 위에 우뚝 서야 한다. 다시 말해 북구의 발전은 교육 혁신으로 이루어내야 한다는 뜻이다. 교육이 탄탄해지면 북구의 위상도 북구민의 자존심도 높아질 것이다.

또한 출 · 퇴근길이 교통 지옥으로 변하는 북구의 진출입 교통체계도 시급히 개선되어야 할 우선 과제다. 도시의 인프라를 구축하기도 전에 아파트가 들어서다 보니 주민들이 출퇴근 때마다 교통 지옥을 겪는다. 낙동강변 접속 도로의 빠른 개통으로 북구민의 교통상황이 개선되어야 한다.

북구라는 도시의 하드웨어가 완성 단계를 향해 치닫고 있지만, 거기에 걸맞은 소프트웨어는 아직 기대에 미치지 못하고 있다. 이제는 사람들의 삶의 질을 높일 수 있는 방안에 대해 고민해야 한다.

우리 북구에는 생활 속 공공의 공간이 많이 부족하다. 예를 들면

1인 가구와 노인세대가 급격히 늘어나는 요즘, 집집마다 꼬박꼬박 밥을 해서 챙겨먹기에는 그 시간과 비용이 부담스러울 때가 있다. 이에 다른 지역에서는 공공주방이나 공공오피스 등 공공의 공간들이 늘어나고 있는 추세다.

발상의 전환을 통해 노인세대와 1인 가구가 함께할 수 있는 공유부엌이나 공유오피스를 확보한다면 비용적인 측면과 구민 건강 증진 측면에서 긍정적인 효과를 얻을 수 있을 것이다.

보다 나은 내일의 완성을 위해 북구를 위해 뛴다. 건강한 북구의 미래 행복도시 북구에 이순영이 산다.

당신이 생각한 마음까지도 담아 내겠습니다!!

책은 특별한 사람만이 쓰고 만들어 내는 것이 아닙니다.
원하는 책은 기획에서 원고 작성, 편집은 물론,
표지 디자인까지 전문가의 손길을 거쳐
완벽하게 만들어 드립니다.
마음 가득 책 한 권 만드는 일이 꿈이었다면
그 꿈에 과감히 도전하십시오!

업무에 필요한 성공적인 비즈니스뿐만 아니라 성공적인 사업을 하기 위한
자기계발, 동기부여, 자서전적인 책까지도 함께 기획하여 만들어 드립니다.
함께 길을 만들어 성공적인 삶을 한 걸음 앞당기십시오!

도서출판 모아북스에서는 책 만드는 일에 대한 고민을 해결해 드립니다!

모아북스에서 책을 만들면 아주 좋은 점이란?

1. 전국 서점과 인터넷 서점을 동시에 직거래하기 때문에 책이 출간되자마자 온라인, 오프라인 상에 책이 동시에 배포되며 수십 년 노하우를 지닌 전문적인 영업마케팅 담당자에 의해 판매부수가 늘고 책이 판매되는 만큼의 저자에게 인세를 지급해 드립니다.

2. 책을 만드는 전문 출판사로 한 권의 책을 만들어도 부끄럽지 않게 최선을 다하며 전국 서점에 베스트셀러, 스테디셀러로 꾸준히 자리하는 책이 많은 출판사로 널리 알려져 있으며, 분야별 전문적인 시스템을 갖추고 있기 때문에 원하는 시간에 원하는 책을 한 치의 오차 없이 만들어 드립니다.

기업홍보용 도서, 개인회고록, 자서전, 정치에세이, 경제 · 경영 · 인문 · 건강도서

모아북스
MOABOOKS 문의 0505-627-9784

함께라서 고마워요

초판 1쇄 인쇄 2021년 11월 15일
2쇄 발행 2021년 11월 20일

지은이 이순영
발행인 이용길
발행처 모아북스
        MOABOOKS

관리 양성인
디자인 이룸

출판등록번호 제 10-1857호
등록일자 1999. 11. 15
등록된 곳 경기도 고양시 일산동구 호수로(백석동) 358-25 동문타워 2차 519호
대표 전화 0505-627-9784
팩스 031-902-5236
홈페이지 www·moabooks·com
이메일 moabooks@hanmail·net
ISBN 979-11-5849-154-3 03340